マルコメ社員が
厳選した
みそ汁
100

マルコメ編

CEメディアハウス

はじめに

マルコメは1854年に創業し、170年間みそと向き合ってきました。この本は、マルコメのホームページで紹介している300を超えるみそ汁レシピから、100のレシピを紹介したものになります。

なんだかホッとする。なんだか安心する。やっぱり飲みたくなる。みそ汁ってそんな一面がありませんか？

子どもの頃からずっと同じみそを使い続ける方もいるほど、みそは日本人にとってなじみ深く親しみのある調味料ではないでしょうか。いまでは身近なみそも、昔は贅沢品。みそ汁として食べる人は少なかったとか。時代に合わせて変化する食文化の中で、時間をかけて「和食」「日本食」の代表的な一つとなりました。

しかし最近では「今日の朝ごはんにみそ汁を飲んできた人～？」と小学生に尋ねると、まったく手が挙がらないことも。みそを販売する我々としては寂しさを感じつつも、時代は変わり続けるなと実感しています。

古くから日本の食、健康を支えてきたみそ。歴史があるからこそ生まれたうまみを、現代、そして未来へ伝え続けていきたい。これからもっと変化するであろう世界で、みそ汁が皆さんの心に温かさを注ぐ一品であり続けてほしい。そんな想いを込めて、ホームページやSNSを通してさまざまなレシピを公開してきました。

そんな中、今年の春にCCCメディアハウスさんから「マルコメさんのみそ汁レシピ本を作らせてもらえませんか？」というお話をいただきました。私たちが発信してきたことに目を留めてくれた出版社の方がいることに驚きつつ、ありがたい気持ちもありました。お話をうかがううちに「形に残る本としてレシピをお届けできるのも良いな」と思い、お引き受けすることにしました。

「みそ汁はこうでなければいけない」「具材はこれだ」そんな概念ではなく、「みそ汁を楽しむ」そんな感覚で読んでもらえる一冊になるとうれしいです。和風もあれば洋風もあり、汁を楽しむものもあれば具材を楽しむみそ汁もある。好みが十人十色であるように、みそ汁だって十汁十色でいいんです。

「みそ汁」という一括りではあるけれど、こんなレシピもアリなのか！ と、少しでも毎日の食卓がより彩りのあるものになるように。新しいわが家の味となれるように。そしてみそ汁を通して「ホッと一息つく」、そんなひとときが紡がれていくことを願って。

2024年10月
マルコメ株式会社
管理栄養士　多和彩織

春のみそ汁

夏のみそ汁

秋のみそ汁

冬のみそ汁

だしの「選び方」と「とり方」

だしは、みそ汁だけではなく、煮物やお鍋など、いろいろな料理に使うことができます。また、うまみ成分であるアミノ酸や核酸を含み、栄養も豊富です。

昆布

上品なうまみが楽しめるだしです。
具の香りや素材の味わいを大切にする料理に向いています。
かつお節との合わせだしで使われることが多いです。

[選び方]

幅が広く、肉厚の昆布を選ぶと、うまみがしっかりと効いただしがとれます。だし昆布としては、羅臼昆布や、利尻昆布などがよく使われます。

※表面に付いている白い粉は、マンニットと呼ばれるうまみ成分で、カビではないため心配ありません。

[だしの材料] 4人分

水 …… 900ml
昆布 …… 10㎝角を1枚

[とり方]

1 鍋に水と昆布を入れ、ふたをしないで弱火にかけます。
2 沸騰直前になったら昆布を取り出します。昆布や鍋に小さい気泡が出はじめるのが合図です。

1

2

ワンポイント

- 風味が落ちるので、決して沸騰させない。
- だしがらは捨てずに活用しましょう(068〜069、102〜103ページ参照)。

かつお節

うまみと、芳醇な香りを楽しめるだしです。
昆布との合わせだしで使われることが多いです。

［選び方］

だしに使うかつお節は、大きく、薄く削ったものを選びます。好みによりますが、濃厚な味を出したい場合は、黒っぽい血合いの交ざったものを選びます。また、かつお節を厚く削ったものや、さばの削り節などを使っても、味は濃くなります。

［だしの材料］4人分

水……900ml
昆布……10cm角を1枚
かつお節……10g

［とり方］

1 鍋に水と昆布を入れ、ふたをしないで弱火にかけます。
2 沸騰直前になったら昆布を取り出します。昆布や鍋に小さい気泡が出はじめるのが合図です。
3 昆布を取り出して沸騰したら火を止め、かつお節を入れて鍋底に沈むまで1～2分おきます。
4 もう一度火にかけ、再沸騰したら（約2分）、火を止め静置します（アクが出る場合は、すくい取る）。かつお節が沈んだら、布で、だし汁を濾します。

1

2

3

かつお節を入れたら、箸などでかき混ぜずに、自然に沈むまで待ちましょう。

4

ワンポイント

- 渋みの原因になるので、かき混ぜない。
- だしがらは強く絞らない。
- だしがらは捨てずに活用しましょう（068～069、102～103ページ参照）。

煮干し

かつおだしなどに比べ、魚そのものの風味が出ます。
コクがあり、個性のある力強い風味が特徴です。苦みも多少含まれます。

［選び方］

十分に乾燥し、腹部が内側に「くの字」になっているものを選びます。内側に「くの字」になっているものは、鮮度のよい魚を加工しています。背中が盛り上がって「くの字」になっているものや、頭が取れていたり、腹が崩れていたりするものはなるべく避けます。

［だしの材料］4人分

水……900ml
煮干し（下ごしらえをした状態のもの）……30g

［とり方］

1 煮干しの頭と、腹の部分にある黒いワタを取り除きます。
※だしに香ばしさがほしいときは、下ごしらえをした煮干しを、油を引かずにフライパンで軽く煎るとよいでしょう。

2 水を入れた鍋に煮干しを入れて、30分以上浸します。

3 煮干しが十分に水を吸ったら、強火にかけて沸騰させます。沸騰したら弱火にして、アクを取り除きながら5～10分煮出します。

4 目の細かいざる、もしくはキッチンペーパーで漉します。

1

2

3

4

ワンポイント

- 頭とワタは生臭さの原因になるので、しっかり取り除く。
- アクは根気よく取る。
- だしがらは捨てずに活用しましょう（068～069、102～103ページ参照）。

一番だしと二番だし

だしには、「一番だし」「二番だし」があります。その違いは材料ではなく、だしの「とり方」。料理に応じて使い分けてみてください。

一番だし

Skylight/PIXTA

一番とつくように、最初にとっただしを指します。かつお節だけのものと、昆布と一緒に引いたものがあります。香りやうまみを瞬間的に引き出すので、濃厚で色が澄み、香り高い上品なだしになります。
お吸い物、すまし汁、茶碗蒸しなど、だしの味そのものを楽しむ料理に向いています。もちろん、みそ汁のだしとしても使用できます。

二番だし

一番だしが材料の瞬間的なうまみを引き出すのに対して、二番だしは一番だしで使った材料に残ったうまみを、ゆっくりと弱火にかけて引き出したものです。
すまし汁などに使われる一番だしと違い、みそなどの調味料を加えることが多いので、最後に漉すときは絞っても構いません。

セーラム /PIXTA

時間をかけて引き出しただしなので、うまみが強く、みそ汁や煮物などの調味料を加える料理に向いています。
一番だしに比べ香りが少ないですが、「おいがつお」で香りを足す方法もあります。

だし汁の保存方法

だし汁があまってしまった、もしくは作りおきとして保存しておきたい。そんなときのために、だし汁の保存方法をご紹介します。

冷蔵保存の場合

作っただし汁をよく冷まし、ピッチャーやタッパーなどの保存容器に入れ、冷蔵庫で保存します。長期間、冷蔵庫で保存することはできません。しかし、使いたいときにすぐ使えるという点では、とても便利です。だし汁を作りすぎたときのみならず、前日に作って冷蔵庫で保存しておけば、朝のみそ汁をすぐに作ることができます。

ポイント

2日ほどで使いきるようにしてください。

もっと簡単に！ 水で作るだし

保存は
冷蔵庫で3日

鍋や火を使わず、簡単にだし汁を作ることができます。ピッチャーに水を入れ、昆布やかつお節、煮干しなどのだし素材を入れて冷蔵庫で一晩置いてください。かつお節や煮干しなどの細かいカスが気になる方は、お茶用のパックや、茶こし付きのピッチャーなどを使うとよいでしょう。だし素材は、一晩たったら取り除いてください。

※一晩とは、8～10時間を目安にしています。

冷凍保存の場合

よく冷ましただし汁をフリーザーバッグ、製氷器、タッパーなどに入れ、凍らせて保存してください。
冷凍保存は冷蔵保存より長くもたせることができるので、作りおきに最適な保存方法です。あらかじめ分量を量って凍らせておくと、より便利です。

ポイント

- 製氷器に入れただし汁は、凍ったらフリーザーバッグなどに入れなおしてください。
- 3週間ほどもちますが、冷凍庫内のにおいを吸ってしまい、時間がたつごとに風味が変わってしまいます。そのため、なるべく早く使い切るようにしてください。
- 使用する前日に冷蔵庫へ移動させて一晩置けば、解凍されて使用できるようになります。

もっと簡単に!
うまみのギュッとつまっただしキューブ

保存は
冷凍庫で
1か月

通常の方法で、だし素材を2倍、3倍と増やすと、濃いめのだし汁ができあがります。凍らせれば固形コンソメのような、うまみのギュッとつまった「だしアイスキューブ」が作れます。
みそ汁に限らず、様々な料理で手軽に使うことができます。用途に応じて希釈して使用してください。

春のみそ汁

甘みのあるキャベツやアスパラガス、
苦みのある菜の花やたけのこなど、
春の訪れを感じさせる野菜を使うと、
みそ汁のバリエーションがぐんと広がります。
卵や肉、貝を加えると、ボリュームのあるおかずにも。

せん切りキャベツのかき玉みそ汁

［材料］２人分

キャベツ …… 60g
卵 …… １個
だし汁 …… 320ml
みそ …… 大さじ２

［作り方］

1 キャベツは食べやすい長さで、太めのせん切りにする。卵は溶きほぐす。
2 鍋にだし汁を入れて火にかけ、煮立ったらキャベツを加える。弱火にしてみそを溶き入れたあと、溶き卵を回し入れる。

昔、母がよく作ってくれた。キャベツの歯ごたえとかき玉のふわふわ感が、ほっとするおいしさ。（松澤芳文）

キャベツと揚げ玉のみそ汁

［材料］2人分

キャベツ …… 100g
揚げ玉 …… 大さじ1
だし汁 …… 320ml
みそ …… 大さじ2

［作り方］

1 キャベツはざく切りにする。
2 鍋にだし汁を入れて火にかけ、煮立ったら1を加える。しんなりしたら、みそを加えてひと煮立ちさせる。
3 お椀によそい、揚げ玉をふる。

ワンポイント

- 七味唐辛子をふってもよく合います。

天かすは食べる直前に入れてサクサク食感を楽しむのも良し、くたくたになって汁を吸った状態もまた良し。（芹澤祐介）

春キャベツと豚肉のみそ汁

［材料］２人分

春キャベツ …… 60g
豚バラ薄切り肉 …… 40g
だし汁 …… 320ml
みそ …… 大さじ２

［作り方］

1 春キャベツは食べやすい大きさに、豚肉は幅1～2cmに切る。
2 鍋にだし汁を入れて火にかけ、煮立ったら豚肉を加える。豚肉の色が変わったら、春キャベツを加え、弱火にしてみそを溶き入れる。

ワンポイント

● 1の工程で豚肉に熱湯を回しかけると余計な脂が落ち、さっぱりと食べられます。

春キャベツの甘みと豚バラの相性が抜群。　（田淵孝司）

アスパラガスと卵のみそ汁

［材料］２～３人分

アスパラガス …… ４本
卵 …… １個
だし汁 …… 600ml
みそ …… 大さじ2～2½

ワンポイント

- アスパラガスの根元はかたく、筋の多い部分なので、取り除きましょう。
- 卵を入れるときに少し火力を強くすることで、ふわふわに仕上がります。

［作り方］

1 アスパラガスは根元を切り落とし、ピーラーで下⅓の皮をむいてから、幅1cmの斜め切りにする。卵は溶きほぐす。

2 鍋にだし汁を入れて火にかけ、アスパラガスを入れて１分半ゆでる。そのまま火力を落とさずに、溶き卵を少しずつ加える。火を止め、最後にみそを溶き入れる。

普段アスパラガスを食べない人でも、
絶対おいしく食べられる。（阪本陽平）

玉ねぎとじゃがいものみそ汁

［材料］２人分

玉ねぎ …… ¼個
じゃがいも …… １個
わかめ（乾燥） …… 1g
だし汁 …… 320ml
みそ …… 大さじ２

ワンポイント

- じゃがいもが煮崩れしないよう、注意しましょう。

［作り方］

1 玉ねぎはくし切りに、じゃがいもは厚さ5㎜の半月切りにする。
2 鍋にだし汁を入れて火にかけ、煮立ったら1を加えて煮る。
3 具材に火が通ったらわかめを入れ、みそを溶き入れてひと煮立ちさせる。

毎日作りたくなる飽きのこないみそ汁。玉ねぎのうまみとじゃがいもの食感が味を引き立たせる。（鮫島次郎）

新じゃが、新玉ねぎのバターみそ汁

［材料］２人分

新じゃがいも …… ２個
新玉ねぎ …… ¼個
ハーフベーコン …… ４枚
ホールコーン …… 大さじ２
だし汁 …… 320ml
みそ …… 大さじ1½
バター …… 10g

［作り方］

1 新じゃがいも、新玉ねぎは一口大のくし切りに、ハーフベーコンは短冊切りにする。
2 鍋にバターを熱し、1を炒める。
3 だし汁を加え、新じゃがいもが煮えたら、ホールコーンを入れ、みそを溶き入れてひと煮立ちさせる。

ワンポイント

- 新じゃがいもの皮が薄くやわらかそうであれば、むかずによく洗って使いましょう。

バターのコクと甘めの味で、子どもも好きです。簡単なので朝食にも。（本間 愛）

皮付き新じゃがいもとわかめのみそ汁

［材料］２人分

新じゃがいも …… 中½個
わかめ(乾燥) …… 3g
だし汁 …… 320ml
みそ …… 大さじ２

［作り方］

1 新じゃがいもはよく洗い、皮付きのまま厚さ1cmの一口大に切る。
2 鍋にだし汁と1を入れて火にかけ、煮立たせる。新じゃがいもがやわらかくなったら、弱火にしてみそを溶き入れ、わかめを加える。

新じゃがいもは火の通りも早くホクホク。わかめとみその相性も抜群！　（斉藤憲治）

半熟卵と刻み菜の花のごまみそ汁

［材料］２人分

菜の花 …… ２～４本
半熟卵（または温泉卵）…… ２個
白すりごま …… 小さじ２
だし汁 …… 320ml
みそ …… 大さじ２強

［作り方］

1 菜の花は細かく刻む。
2 鍋にだし汁を入れて火にかけ、煮立ったら半熟卵を丸ごと入れ、みそを溶き入れる。
3 1を加えて30～40秒煮て、お椀によそい、白すりごまを加える。卵を崩しながらいただく。

ワンポイント

- 小鍋で1人分ずつ作ると、うまくできます。
- 卵が入る分、みそ汁の味つけを少し濃いめにすると、おいしく仕上がります。

菜の花の苦みを卵とみそのコク、甘みが包み込み、春らしさを感じさせておいしい。（中澤 武）

ニラ入りかき玉みそ汁

［材料］２人分

ニラ …… ４本
卵 …… １〜２個
だし汁 …… 320ml
みそ …… 大さじ２

［作り方］

1 ニラは長さ１㎝に刻む。卵は溶きほぐす。
2 鍋にだし汁を入れて火にかけ、煮立ったら火を弱めてニラを加え、みそを溶き入れる。さらに溶き卵を回し入れ、卵がふんわりと固まったらお椀によそう。

相性抜群のニラと卵を使用した定番みそ汁です。どの料理にも合い、栄養満点。　（南澤昂太）

ニラと卵のみそ汁

［材料］2人分

ニラ …… 1/3束
厚揚げ …… 1枚
卵 …… 1個
だし汁 …… 320ml
みそ …… 大さじ2

ワンポイント

- いりごまやラー油を加えても、よく合います。

［作り方］

1 ニラは長さ3cmに切り、厚揚げはさいの目切りにする。卵は溶きほぐす。
2 鍋にだし汁を入れて火にかけ、煮立ったら厚揚げを入れ、みそを溶き入れてひと煮立ちさせる。
3 溶き卵を回し入れ、ふんわりと固まったらニラを加えて火からおろす。

厚揚げから味が出て、おいしい。
ニラと卵は相性ばっちりです。
（加茂俊和）

たけのこと新玉ねぎとわかめのみそ汁

［材料］2人分

たけのこ（水煮）…… 60g
新玉ねぎ …… 40g
わかめ（乾燥）…… 1g
だし汁 …… 320ml
みそ …… 大さじ2

［作り方］

1 たけのこは厚さ5㎜に、新玉ねぎは厚さ7㎜のくし切りにする。
2 鍋にだし汁を入れて火にかけ、煮立ったら1を入れて1分ほど煮る。みそを溶き入れ、わかめを加えてなじませる。

たけのこの食感と玉ねぎの甘みが、
みそ汁にマッチしています。
（飯田悠人）

たけのことさば缶のみそ汁

［材料］2人分

たけのこ（水煮）…… 80g
長ねぎ …… 5㎝
さば缶（水煮）…… ½缶
だし汁 …… 320ml
みそ …… 大さじ1½
酒 …… 大さじ1

［作り方］

1 たけのこは厚さ3㎜の薄切りにする。長ねぎは小口切りにする。
2 鍋にだし汁、酒を入れてふたをし、ひと煮たちさせる。たけのこを加えて1分程度加熱し、みそを溶き入れる。
3 お椀にさば缶を汁ごと2等分にして入れる。2を注ぎ入れ、長ねぎを散らす。

さば缶のうまみとたけのこの食感がみそとマッチして、とてもおいしい。
（小島文夫）

まるごとかぶのみそ汁

［材料］２人分

かぶ …… １個
かぶの葉 …… ½個分
だし汁 …… 320ml
みそ …… 大さじ２

［作り方］

1 かぶは皮をむき、８等分のくし切りにする。葉はよく洗って幅1㎝に切る。
2 鍋にだし汁を入れて火にかけ、煮立ったらかぶを入れる。透き通ってきたら葉を加え、再び煮立ったらみそを溶き入れる。

葉まで無駄なく食べられてうれしい。かぶのみのシンプルなみそ汁で、旬も楽しめる。（永瀬美奈子）

もやしたっぷり麺なしラーメン風みそ汁

［材料］２人分

もやし …… 1袋
長ねぎ …… ½本
ごま油 …… 大さじ1
おろしにんにく …… 小さじ1
黒こしょう …… 適量
a ｛みそ …… 大さじ2〜3
　 熱湯 …… 320ml

［作り方］

1 もやしはひげ根を取り除き、さっと洗う。長ねぎは粗みじん切りにする。
2 フライパンにごま油とおろしにんにくを熱し、香りがたったら、1をさっと炒め、お椀に盛る。
3 aを混ぜ合わせ、2に注ぎ、黒こしょうをふる。

ワンポイント

- もやしは火を通しすぎると食感が落ちてしまうので、火加減に注意しましょう。

お食事にも、お酒を呑んだあとにもオススメのみそ汁です。（山本 修）

野菜たっぷりみそ汁

［材料］２人分

キャベツ …… １枚
にんじん …… ½本
しめじ …… ½パック
油揚げ …… ½枚
だし汁 …… 320ml
みそ …… 大さじ２

［作り方］

1 キャベツはざく切りに、油揚げは縦半分に切ってから、幅１㎝に切る。にんじんは短冊切りに、しめじは石づきを切り落とし、小房に分けておく。
2 鍋にだし汁を入れて火にかけ、煮立ったらにんじん、しめじ、油揚げ、キャベツの順に入れる。
3 野菜に火が通ったら、みそを溶き入れる。

野菜がたくさんとれる。
野菜の甘味が感じられる。（山口 亮）

野菜たっぷり冷凍みそ玉

［材料］３種類×４つ分のみそ玉

小松菜油揚げみそ汁

小松菜（幅3cmに切る）
……80g

油揚げ（短冊切り）
……60g

だしパック
……1袋（8g）

みそ………80g

キャベツベーコンみそ汁

キャベツ（幅5mmの細切り）
……100g

ベーコン（細切り）
……40g

だしパック
……1袋（8g）

みそ………80g

オクラ白ねぎみそ汁

オクラ（小口切り）
……８本

白ねぎ（小口切り）
……20g

だしパック
……1袋（8g）

みそ………80g

［作り方］＊1種類ごと

1 ボウルに、だしパックの中身とみそを入れて、しっかり混ぜる。
2 具材と1を混ぜ、4等分にしてラップで包む。
3 フリーザーバッグに入れて冷凍する。

ワンポイント

- 今回使用した「だしパック」は原料がかつお節、いわし煮干し、昆布、しいたけ、あじのものです。

［食べるとき］

1 冷凍みそ玉を耐熱容器（お椀）に入れてラップをかける。電子レンジを600Wの設定にして、10〜20秒加熱する。
2 熱湯を130〜150ml入れて、よく混ぜて溶かす（濃さはお好みで）。

好みの具で簡単にインスタントみそ汁が作れ、忙しいときに大変便利です。
（廣田貴子）

豆腐、わかめ、万能ねぎのみそ汁

［材料］２人分

木綿豆腐 …… 75g
わかめ（乾燥）…… 3g
万能ねぎ …… ２本
だし汁 …… 320ml
みそ …… 大さじ２

［作り方］

1 豆腐は2㎝角、万能ねぎは小口切りにする。
2 鍋にだし汁を入れて火にかけ、煮立ったらみそを溶き入れる。
3 豆腐、わかめを入れ、温める程度に火を入れ、お椀によそい万能ねぎを散らす。

シンプルな具材だからこそ、みその味を味わえます。みそを変えれば違う味わいに。 （庄子祐輔）

鶏肉と豆苗のかき玉みそ汁

［材料］２人分

鶏もも肉 …… ⅓枚（100g）
豆苗 …… ¼袋（30g）
卵 …… １個
だし汁 …… 320ml
みそ …… 大さじ２
ごま油 …… 小さじ１

ワンポイント

- 溶き卵を加える前に、お好みで水溶き片栗粉適量を加えてとろみをつけても、おいしくいただけます。

［作り方］

1 鶏肉は小さめの一口大に、豆苗は長さ3㎝に切る。卵は溶きほぐす。
2 鍋にだし汁を入れて火にかけ、煮立ったら鶏肉を加える。火が通ったらみそを加え、豆苗と溶き卵を細く垂らしながらゆっくりと回し入れる。
3 卵がしっかり固まったらお椀によそい、ごま油を垂らす。

鶏肉のだしと豆苗のシャキシャキ感、ふわふわした卵の食感が、みそ汁とマッチ。（小西弘明）

具だくさん
鶏肉しょうがだんごと野菜の
食べるみそ汁

具だくさんで、おかずの1品になる。
鶏肉だんごと野菜の相性も抜群で、
おかわり必至。　（濱田 稔）

［材料］２人分

鶏ひき肉 …… 80g
（ももorむねはお好みで）
じゃがいも …… 1/3個
しょうが …… 1/2片
玉ねぎ …… 1/8個
にんじん …… １本
キャベツ …… １枚
小松菜 …… ２本
だし汁 …… 400ml
みそ …… 大さじ２
a ｛酒 …… 適量
　 塩 …… 適量

［作り方］

1 じゃがいもは小さめの一口大に切り、水にさらす。
2 しょうがはみじん切り、玉ねぎは厚さ1㎝、にんじんは厚さ5㎜、キャベツは2㎝の角切り、小松菜はざく切りにする。
3 鍋にだし汁を入れて火にかけ、煮立ったら玉ねぎ、にんじん、水気を切ったじゃがいもを加えて２分ほど煮る。
4 ボウルに鶏肉としょうが、aを加えてよく練り、手で小さめにちぎりながら3に加え、２分ほど煮る。
5 キャベツと小松菜を加え、みそを溶き入れ、ひと煮立ちさせる。

ワンポイント

- 鶏ひき肉には、マルコメの「生塩糀」小さじ1/2を塩と酒の代わりに加えてもOKです。

豚バラ肉と玉ねぎのみそ汁

［材料］2人分

豚バラ薄切り肉 …… 70g
玉ねぎ …… ½個
だし汁 …… 320ml
みそ …… 大さじ1½
ごま油 …… 小さじ1

［作り方］

1 豚肉は長さ5㎝に、玉ねぎはくし切りにする。
2 鍋にごま油を熱し、1を炒める。
3 だし汁を加え、玉ねぎに透明感が出たら、みそを溶き入れ、ひと煮立ちさせる。

ワンポイント

- 七味唐辛子や黒こしょうをふっても、よく合います。

豚肉のうまみと甘みが抜群で、みそ汁のおいしさを最大限に感じることができます。（平塚真嘉）

豚ひき肉とかぶのみそ汁

[材料] 2人分

豚ひき肉 …… 100g
かぶ …… 1個
かぶの葉(あれば) …… 1個分
だし汁 …… 320ml
みそ …… 大さじ2
ごま油 …… 小さじ1

ワンポイント

- 合いびき肉や鶏ひき肉でも、おいしく作れます。

[作り方]

1 かぶは皮をむいて8等分のくし切りにする。かぶの葉は長さ3cmに切る。
2 豚肉をラップでまとめる。ごま油を熱した鍋で豚肉を小さめの一口大にちぎって焼く。
3 豚肉にだいたい火が通ったら、かぶとだし汁を加え、沸騰してから5分ほど煮込む。アクが出たら取り除き、かぶの葉を入れ、みそを溶き入れてひと煮立ちさせる。

豚のうまみとかぶの甘さが堪能できるみそ汁。 (森 省二)

あさりと菜の花のみそ汁

［材料］2人分

あさり …… 16粒
菜の花 …… 1/4束（50g）
だし汁 …… 320ml
みそ …… 大さじ2弱
酒 …… 大さじ2

ワンポイント

- 菜の花は、みそ汁の中で徐々に色がくすんでいくので、食べる直前に加えましょう。そうすることで、色鮮やかに、食感よくいただけます。

［作り方］

［下ごしらえ］
あさりは砂抜きをして、殻をよくこすり洗いする。

1 鍋にあさり、酒を入れてふたをして火にかける。菜の花は長さ3㎝に切る。
2 あさりの殻が開いたらだし汁を注ぎ、沸騰したら菜の花を加えてみそを溶き入れ、ひと煮立ちさせる。

みその甘み、あさりのだし、菜の花がマッチし、春にぴったりのみそ汁です。
（山田南実）

あさりと豆苗のみそ汁

[材料] 2人分

あさり …… 16粒
豆苗 …… 適量
だし汁 …… 400ml
みそ …… 大さじ2

[作り方]

[下ごしらえ]
あさりは砂抜きをして、殻をよくこすり洗いする。

1 豆苗は細かく刻む。小鍋にあさりと200ml（分量外）の水を入れ、ふたをして強火にかける。あさりの口が開いてきたら火を止め、そのまま2〜3分蒸らす。

2 別の鍋にだし汁を入れて火にかける。煮立ったら、1を加え、みそを溶き入れる。

あさり＋豆苗で、味も見た目も後味も際立ちます！ （荒瀬 徹）

あさりと生のりとたけのこの春の具だくさんみそ汁

［材料］２人分

あさり ……12粒
たけのこの水煮 ……50g
生のり ……120g
だし汁 …360ml
みそ … 大さじ2

［作り方］

［下ごしらえ］
あさりは砂抜きをして、殻をよくこすり洗いする。

1 たけのこの水煮は、食べやすい大きさに薄切りにする。生のりは目の細かいざるに入れて、さっと洗って水切りしておく。
2 お椀に生のりを等分に入れておく。あさりを鍋に入れ、水1/3カップ（分量外）を注いでふたをして中火にかけ、2～3分蒸し煮する。
3 別の鍋にだし汁を入れて火にかけ、煮立ったらあさりを入れ、みそを溶き入れる。
4 3にたけのこの水煮を入れさっと煮て、生のりの入ったお椀によそう。

ワンポイント

- 生のりは煮ると変色し、味が変わってしまうので、みそ汁を注ぐ前にお椀に入れます。

海の幸と山の幸を一緒に楽しめて、
春を感じられるのがうれしい。
（岸 直人）

みそ汁豆知識

いくつかのポイントをおさえれば、もっとおいしくなります。

具材を入れる順番にもコツがある！

にんじん、大根、ごぼうなど「土から下にできるもの」、つまり、根菜類は火が通るのに時間がかかるので、最初に鍋に入れて火をつけます。そのほか、しじみやあさりなどの貝類も水から煮たほうがよく「だし」が出ます。ただし、アクも出ますので、根気よくすくってください。葉物など「土から上にできるもの」は火が通りやすいので、煮立ってから入れます。
また、豆腐などの煮崩れしやすいもの、長ねぎなどの香りのあるものは火を消す少し前に入れます。

火が通りにくい具材例

にんじん、大根、ごぼう、
じゃがいも、玉ねぎ、
れんこん、かぶ、
さつまいも、
かぼちゃなど

根菜は最初に入れる！

アフロ

素材辞典 by イメージナビ /PIXTA

火が通りやすい具材例

ほうれん草、キャベツ、
レタス、白菜、菜の花、
ねぎ、わかめなど

みそ汁は「煮えばな」がおいしい！

「煮え花」「煮え端」と書きます。
汁ものや煮ものが煮立ち始めた際の、香りや風味が一番よい状態のこと。
このみその匂いの正体はアルコール。米みそが樽の中で熟成されるときに、酵母という微生物が糖をアルコールやエステルなどの香り成分へ変化させているのです。
みそ汁の香りが一番立ち、おいしく飲めるのは75℃とされています。
沸騰直前（煮えばな）の95℃で火を止め、そこからおたまでお椀によそうと、食べるころにはちょうどよい温度になっています。やはりみそ汁は、できたてが一番おいしいのです。

吸い口で味と香りにアクセントを！

汁ものに添える「香り」などのことを、「吸い口」といいます。吸い口は味と香りのアクセントになって、見た目にも美しく、いつものみそ汁も一層おいしくいただけます。季節や色合いを考えて選べば、日本ならではのおもてなしにもなります。
みそ汁の具や食卓に並ぶほかの料理との相性に気をつけて、吸い口を選んでみてください。

吸い口の具材例

からし、ごま、しょうが、ねぎ、みょうが、わけぎ、ゆず、黒こしょう、三つ葉、山椒、七味唐辛子、青じそ、木の芽、ゆずこしょう　など

夏のみそ汁

ミネラルやビタミン、塩分が含まれたみそ汁は、
夏の不調を整えてくれます。
なすやオクラ、みょうがなどを使うと、
あっさり、さっぱりしたみそ汁に。
食欲があまりないときには、冷製みそ汁がおすすめです。

なすと油揚げのみそ汁

［材料］2人分

なす …… 1本
油揚げ …… 1枚
刻みねぎ …… 適量
だし汁 …… 300ml
みそ …… 大さじ2
ごま油 …… 小さじ1

［作り方］

1 なすはいちょう切り、油揚げは短冊切りにする。
2 鍋にごま油を熱し、1を炒める。だし汁を加え、軽く煮込んだらみそを溶き入れてひと煮立ちさせる。お好みで刻みねぎをふる。

ワンポイント

- なすはゆっくり加熱すると色素が溶け出し、みそ汁が黒っぽくなることがあります。 短時間で煮込むと、色鮮やかに仕上がります。

みそと具材の相性が抜群です。
体が温まり、ホッとします。
（清澤栄樹）

焼きなすと焼きオクラのみそ汁

［材料］２人分

なす …… １本
オクラ …… ３本
だし汁 …… 300ml
みそ …… 大さじ２

［作り方］

1 なす、オクラは食べやすい大きさに乱切りにし、フライパンで焦げ目がつくまで焼く。
2 鍋にだし汁を入れて火にかけ、1を入れる。煮立ったら、火を止めてみそを溶き入れる。

ひと手間かけた分だけおいしい夏野菜のみそ汁。なすの皮側から焼くと、仕上がりが鮮やか。
（村岡美紀）

なすとかつお節の冷製みそ汁

［材料］２人分

なす …… ２本
万能ねぎ …… 適量
かつお節 …… 適量
a ｛ 冷たいだし汁 …… 300ml
　　みそ …… 大さじ２

ワンポイント

● 温かいみそ汁にしても、おいしく仕上がります。

［作り方］

1 なすはピーラーで皮をむいて1本ずつラップで包み、600Wの電子レンジで２分ほど、串がすっと通るまで加熱する。粗熱が取れたら一口大に切って、お椀に入れる。
2 aを混ぜ合わせて1に注ぎ、万能ねぎとかつお節をふる。

あっさりさっぱりで、おいしい。
この季節にピッタリ。
（伊藤稜将）

なすの濃厚ごまみそ汁

［材料］2人分

なす（大）…… 1本（150g）
すりごま …… 大さじ2
からし …… 適量
だし汁 …… 350ml
みそ …… 大さじ2

ワンポイント

- ぐつぐつ沸騰しただし汁に切りたてのなすを加え、ふたをして強火で3分ほど加熱することで、色止めをしながら、なすの皮に含まれる栄養もとることができます。

［作り方］

1 なすはヘタを切り落として縦半分に切り、皮側に斜めに細かい切り込みを入れて4cmに切る。
2 鍋にだし汁を入れて火にかけ、煮立ったら1を入れる。ふたをして強火で3分ほど煮込み、ふたを外す。中火に落とし、ほどよく火が通ったらみそを溶き入れる。
3 すりごまをのせ、お好みでからしを添える。

しみしみのなすとごまの香りが、たまらなくおいしいです♪　からしの代わりに七味でも◎。　（五十嵐 都）

なすと豚ひき肉の麻婆みそ汁

［材料］２人分

なす …… 1本
豚ひき肉 …… 80g
糸唐辛子 …… 適量
だし汁 …… 350ml
みそ …… 大さじ1½
ごま油 …… 小さじ1
豆板醤 …… 小さじ1

［作り方］

1 なすは小さめの乱切りにする。
2 鍋にごま油を熱し、豚肉、豆板醤を加えて炒める。肉の色が変わったら1を加えて炒める。
3 全体に油が回ったらだし汁を加え、なすに火が通ったらみそを溶き入れ、ひと煮立ちさせる。お好みで糸唐辛子を添える。

ワンポイント

- すりごまや花山椒、ラー油を加えてもよく合います。

なすと豚ひき肉のジューシーさにみそのコクがプラスされ、まとまりがあってガッツリおいしい。（片山瑞望）

なすとさば缶のカレーみそスープ

［材料］２人分

なす …… 1本
さば缶（水煮）…… 1缶（190g）
青じそ …… 4枚
だし汁 …… 200ml
みそ …… 大さじ1
サラダ油 …… 大さじ1
バター …… 10g
カレー粉 …… 小さじ1

［作り方］

1 なすは縦半分に切り、厚さ1㎝の半月切りにする。青じそはせん切りにする。
2 鍋にサラダ油とバターを入れて熱し、なすを炒め、カレー粉を加え混ぜる。
3 さば缶を汁ごと加え、へらで大きめに崩し、だし汁を加えて煮る。
4 みそを溶き入れて、青じそを添える。

ワンポイント

- みそと相性のよいバターも加えることでさらにコクがアップし、おいしくなります。色をきれいに仕上げたいときは、ターメリックパウダーを加えてください。

みそとカレーの相性がよく、具だくさんでおかずになるみそ汁です。（高橋秀行）

とうもろこしと玉ねぎ、ベーコンのみそ汁

［材料］２人分

とうもろこし（むきみ）、
または冷凍コーン
…… 大さじ山盛り２

玉ねぎ …… ⅛個

ベーコン …… １枚

だし汁 …… 320ml

みそ …… 大さじ２

［作り方］

1 玉ねぎは厚さ1cmのくし切りに、ベーコンは幅1cmに切る。

2 鍋にだし汁を入れて火にかけ、煮立ったらとうもろこしと1を加える。玉ねぎが透き通るまで弱火で煮たら、みそを溶き入れる。

洋風のみそ汁で、ベーコンの脂やとうもろこしの甘みを感じることができる。 （林 祐希）

オクラととろろ昆布のみそ汁

［材料］２人分

オクラ …… 3～4本
とろろ昆布 …… 約3g
だし汁 …… 320ml
みそ …… 大さじ2

［作り方］

1 お椀に、小口切りにしたオクラととろろ昆布を等分に入れておく。
2 鍋にだし汁を入れて火にかける。煮立ったらみそを溶き入れ、1のお椀によそう。

具材の組み合わせがよい。
（小林恭平）

長芋とオクラの冷製みそ汁

［材料］２人分

長芋 …… 150g
オクラ …… ４本（30g）
a ｛冷たいだし汁 …… 300ml
　　みそ …… 大さじ２

ワンポイント

- 鮮度のよい小さめのオクラはやわらかく、生でもおいしくいただけます。
- さば缶やおろししょうが、かつお節などを加えるのも、おすすめです。

［作り方］

1 長芋は皮をむいて半分すりおろし、aと混ぜ合わせる。残りの半分は短冊切りにする。オクラは塩ずりして洗い、600Wの電子レンジで30〜60秒加熱する。ヘタを切り落として輪切りにする。

2 お椀に短冊切りの長芋とオクラを等分に入れ、混ぜ合わせたaとすりおろした長芋を注ぐ。

夏バテ対策にも最適なネバネバ具材で食欲アップの冷製みそ汁。
（小西弘明）

たっぷりピーマンとごまの無限みそ汁

［材料］２人分

ピーマン …… 3個（100g）
すりごま …… 小さじ2
だし汁 …… 320ml
みそ …… 大さじ2
ごま油 …… 小さじ2

ワンポイント

- ピーマンは火を通しすぎると食感がなくなってしまうので、注意しましょう。

［作り方］

1 ピーマンは縦半分に切り、ヘタと種を取り除いてからさっと洗って細切りにする。
2 鍋にだし汁を入れて火にかけ、1を加えて2分ほど煮込み、みそを溶き入れてひと煮立ちさせる。
3 お好みでごま油を垂らし、すりごまをふる。

ごまの香りとピーマンの苦みが相性抜群。食感も楽しい。一度食べるとやみつきになる。（松田真依）

丸ごとトマトのみそ汁

［材料］２人分

トマト …… 2個（240g）
とろろ昆布 …… 適量
かつお節 …… 適量
だし汁 …… 320ml
みそ …… 大さじ2

ワンポイント

- トマトは煮込みすぎると崩れてしまうので、軽く温まるくらいで取り出すようにしましょう。

［作り方］

1 トマトは洗ってヘタを取り、ヘタと反対側の部分の薄皮に軽く十字の切り込みを入れる。
2 鍋に水（分量外）を沸かして1を加え、30〜40秒転がして網じゃくしで取り出し、切り込みから薄皮をむく。
3 鍋にだし汁を入れて火にかける。煮立ったら2を加え、みそを溶き入れ、ひと煮立ちさせる。とろろ昆布、かつお節を盛る。

各素材のだしが効いて、おいしい。
某スーパーの試食会でも大好評でした！
（小島 功）

とろり卵とミニトマトのみそ汁

［材料］2人分

卵 …… 1個
ミニトマト …… 5個
絹さや …… 8本
だし汁 …… 320ml
みそ …… 大さじ2
a｛片栗粉 …… 小さじ2
　 水 …… 大さじ1
黒こしょう …… 適量

ワンポイント

- 水溶き片栗粉を加えたら、木べらなどで絶えず混ぜるとダマにならずに、なめらかに仕上がります。

［作り方］

1 卵は溶きほぐし、ミニトマトは4等分に切る。絹さやは筋を取り除く。

2 鍋にだし汁を入れて火にかけ、煮立ったらみそを溶き入れる。aを混ぜ合わせた水溶き片栗粉を加え、とろみが出るまで混ぜる。

3 溶き卵を細く垂らして回し入れ、ミニトマト、絹さやを加えてひと煮立ちさせる。お好みで黒こしょうをふる。

トマトとみその相性がよく、甘みもあり、子どもも大好きなみそ汁です。
（大瀬真規）

トマト豚汁

[材料] 2人分

トマト …… 1個
豚バラ薄切り肉 …… 100g
だし汁 …… 300ml
みそ …… 大さじ2
オリーブオイル …… 小さじ1

[作り方]

1 トマトはくし切りに、豚肉は幅3cmに切る。
2 鍋にオリーブオイルを熱し、豚肉を加えて炒める。肉の色が変わったらトマトとだし汁を加え、軽く煮込む。
3 みそを溶き入れ、ひと煮立ちさせる。

ワンポイント

- トマトの薄皮が気になる場合は、はがれてきたタイミングで取り除きましょう。
- ミニトマトでもおいしく作れます。
- 黒こしょうをふってもよく合います。

みそ汁にトマトは意外と驚かれますが、おいしいです。リコピンやβカロテンで健康に!　（守屋裕斗）

みょうがと豆腐、青じその冷製みそ汁

［材料］２人分

豆腐 …… ½丁（150g）
みょうが …… 1個（15g）
青じそ …… 2枚
a ｛冷たいだし汁 …… 300ml
　 みそ …… 大さじ2

ワンポイント

- みょうがの辛みや苦みが気になる場合は、さっと熱湯にくぐらせると和らぎます。
- みその量はお好みの濃さになるよう調整しましょう。
- さば缶やおろししょうが、かつお節などを加えるのもおすすめです。

［作り方］

1 豆腐はさいの目切りにして、等分にお椀に入れる。みょうがは薄い輪切りに、青じそはせん切りにする。

2 aを混ぜ合わせて1に注ぐ。みょうがと青じそを添える。お好みで、氷を浮かべてより冷たくしても。

みょうがや青じその香りとの相性がよく、食欲をそそる。（山本茂男）

薬味で作る豆乳みそ汁

［材料］2～3人分

みょうが …… 適量
万能ねぎ …… 適量
しょうが …… 適量
青じそ …… 適量
a ｛ 冷たいだし汁 …… 150ml
　　豆乳 …… 300ml
　　みそ …… 大さじ3

［作り方］

1 みょうが、万能ねぎは小口切りにする。しょうがはせん切りにして水にさらす。青じそはせん切りにする。それぞれ等分にしてお椀に適量を入れておく。

2 aを混ぜ合わせて1に注ぐ。

ワンポイント

- みそを少し増やして氷を浮かべると、より涼やかに仕上がります。

豆乳のまろやかさとみそのコクが楽しめます（夏は冷やしても）。
（八島雅司）

柴漬けと豆腐の冷や汁

［材料］２人分

豆腐 …… ½丁（150g）
柴漬け …… 大さじ山盛り2（40g）
ごはん …… 2膳分（320g）
ごま …… 適量
小ねぎ …… 適量
a { 冷たいだし汁 …… 300ml
　　みそ …… 大さじ2

ワンポイント

- みその量はお好みの濃さになるよう、調整しましょう。
- さば缶やおろししょうが、かつお節などを加えるのもおすすめです。

［作り方］

1 お茶碗にごはんをよそい、崩した豆腐と柴漬けを盛る。
2 aを混ぜ合わせて1に注ぎ、ごま、刻んだ小ねぎをふる。できあがりに氷を浮かべても。

食欲が落ちる夏でも、柴漬けの酸味と豆腐のまろやかさがバランスよくて、食が進みます。（堀田憲司）

納豆やっこの冷製みそ汁

[材料] 2人分

オクラ …… 4本
豆腐 …… ⅔丁
納豆 …… 1パック
a { 冷たいだし汁 …… 300ml
  みそ …… 大さじ2
納豆の付属のタレ …… 適量

ワンポイント

- ごはんを加えて、冷やし茶漬けにしてもおいしくいただけます。

[作り方]

1 オクラは板ずりしてさっと洗い、耐熱皿にのせてラップをかけ、600Wの電子レンジで30〜40秒加熱する。粗熱が取れたら小口切りにする。
2 お椀にスプーンですくった豆腐を入れ、納豆、オクラをのせる。
3 aを混ぜ合わせて2に注ぐ。お好みで、納豆の付属のタレを適量かけても。

手軽でおいしい。夏場の食欲のないときでもイケル。 (五明和幸)

夏野菜たっぷりの
赤だし豚汁

しっかり火を通しても風味のよい赤だしと卵のうまみの取り合わせが最高です。　（長澤 仁）

［材料］2人分

豚バラ薄切り肉 …… 40g
長なす …… 40g
かぼちゃ …… 30g
玉ねぎ …… 20g
しし唐 …… 4本
みょうが …… 1本
卵 …… 2個
だし汁 …… 400ml
赤みそ …… 大さじ2弱
米酢 …… 大さじ5弱

［作り方］

1 豚肉は長さ3～4cmに切る。鍋に水（分量外）を沸かし、豚肉を入れて30秒程度、白くなるまで火を通し、ざるにあげておく。
2 長なすは縦半分に切り、厚さ7㎜の斜め切りに、かぼちゃは厚さ7㎜に切る。玉ねぎはくし切りに、しし唐はヘタを取る。みょうがは縦に2～4等分に切る。
3 別の鍋に水（分量外）を1リットル入れて沸かし、米酢を入れ、卵を小さな器に割り入れてから湯の中に静かに入れる。おたまなどで白身が黄身をコーティングするようにまとめ、冷水に1分ほど浸けたあと、キッチンペーパーの上にのせる。
4 鍋にだし汁を入れて火にかけ、1と2を加えて煮立たせる。沸騰したら弱火にして、かぼちゃに火が通るまで煮る。
5 4にみそを溶き入れ、ひと煮立ちしたら火を止める。
6 お椀に5を半分ほど入れて3をのせる。再びアツアツの5をかける。

ワンポイント

- かぼちゃは形が崩れやすいので、煮すぎないように注意しましょう。
- ポーチドエッグは半熟卵でも代用できます。

夏野菜と納豆のねばねば赤だし

［材料］２人分

ズッキーニ …… ⅓本（60g）
オクラ …… ２本
ひきわり納豆 …… １パック
だし汁 …… 320ml
赤みそ …… 大さじ２

ワンポイント

- 豆腐や油揚げ、きのこ類を加えてもよく合います。

［作り方］

1 ズッキーニは半月切りに、オクラは輪切りにする。
2 鍋にだし汁を入れて火にかけ、1を入れ、1分ゆでる。
3 2に、混ぜて粘り気を出したひきわり納豆を加えてひと煮立ちさせたのち、みそを溶き入れる。

普通のみそ汁と違ったのどごしで面白く、食べごたえもある。白米何杯でもいけちゃう味。（川越成流）

冷やし豚汁

［材料］２人分

豚肉（しゃぶしゃぶ用）……60g
なす……１本
万能ねぎ……20g
きゅうり……20g
みょうが……10g
オクラ……２本
豆腐……100g
ごま……小さじ2
だし汁もしくは水……400ml
みそ……大さじ4

［作り方］

［下ごしらえ］
豚肉はゆでておく。なすは焼きなすにして皮をむいておく。

1 万能ねぎは斜め細切り、きゅうりは輪切り、みょうがはせん切りにして、和える。オクラは下ゆでし、縦半分に切る。
2 みそをだし汁、もしくは水で溶いて冷やす。
3 お皿に豆腐、そのほかの具材を並べる。
4 盛りつけた具材に冷やした2とごまをかける。

夏バテ対策に。
（谷 博之）

ゴーヤと卵の豚汁

［材料］２人分

ゴーヤ …… ¼本
豚薄切り肉 …… 60g
卵 …… １個
だし汁 …… 350ml
みそ …… 大さじ２
ごま油 …… 小さじ１

ワンポイント

- 豚薄切り肉はお好みの部位で作りましょう。豚ひき肉でも同様に作れます。

［作り方］

1 ゴーヤは縦割りにしてワタをくりぬき、薄切りにする。豚肉は食べやすい大きさに切る。卵は溶きほぐす。
2 鍋にごま油を熱し、ゴーヤ、豚肉を炒める。豚肉に火が通ったらだし汁を加え、沸騰したらアクを取り除き、溶き卵をゆっくり垂らして加える。
3 みそを溶き入れ、ひと煮立ちさせる。

夏の疲れ切った体に豚汁を！ゴーヤが好きな方にはうってつけのレシピ！　（柴川 舜）

ねばとろすり流し風豚汁

［材料］２人分

長芋 …… 100g
オクラ …… ４本
豚肉（しゃぶしゃぶ用）…… 100g
a ｛冷たいだし汁 …… 300ml
　 みそ …… 大さじ２
オリーブオイル …… 適量
黒こしょう …… 適量

ワンポイント

- 温製でもおいしく仕上がります。温かいだし汁に置き換えて同様に作りましょう。

［作り方］

1 長芋は皮をむいてすりおろす。鍋に水(分量外)を入れて沸かし、オクラを湯通しして小口切りにする。

2 同じ鍋で豚肉をさっとゆでて、冷水で冷ます。

3 aを混ぜ合わせて1、2と共にお椀に入れる。お好みでオリーブオイル、黒こしょうをふる。

夏の豚汁といえばこれ！
豚汁の概念が変わります！
（北澤啓吾）

豚しゃぶとレタスのごまみそ汁

［材料］２人分

豚肉（しゃぶしゃぶ用）…… 160g
レタス …… 4枚（100g）
すりごま …… 大さじ1
だし汁 …… 340ml
みそ …… 大さじ2

［作り方］

1 豚肉は長さ3～4cmに切り、レタスは食べやすい大きさにちぎる。
2 鍋にだし汁を入れて火にかける。レタスをさっとくぐらせてお椀によそう。
3 続けて豚肉を加えて火が通ったら引き上げ、2のお椀によそう。
4 だし汁のアクを取り除き、みそとすりごまを加え、ひと煮立ちさせてお椀に注ぐ。

ワンポイント

- お好みでおろししょうがを適量加えても、さっぱりと仕上がります。

豚肉のコクとシャキシャキレタスがみそと合う。ごまの香りもよい。（掛田昭宏）

王道のしじみ汁

［材料］２人分

しじみ …… 140g
三つ葉 …… 20g
だし汁 …… 320ml
みそ …… 大さじ1½

ワンポイント

- しじみの塩分は産地によってばらつきがあるため、その都度加えるみその量を調整しましょう。
- 水からじっくり弱火で煮出すことで、しじみのエキスがよく出ておいしく仕上がります。

シニアには、肝機能をサポートしてくれるしじみ汁が一番！（永山伸也）

［作り方］

［下ごしらえ］
しじみの砂抜きをする。バットに重ならないようにしじみを並べ、貝がらが半分浸かるくらいの量の薄めの塩水を注ぎ、冷暗所に30〜60分置く。
＊海水と淡水が混ざった水域に生息するしじみは、0.5%くらいの塩水（水200mlに対して塩1g）で砂抜きするのがおすすめです。

1 砂抜きしたしじみは真水（分量外）を張ったボウルに入れ、殻どうしをこすり洗いする。三つ葉は長さ2㎝に切る。
2 鍋にしじみとだし汁を入れてふたをし、弱〜中火でじっくり加熱する。
3 殻がすべて開いたらみそを溶き入れ、三つ葉を飾る。

だしがら
活用レシピ

その1

だし汁を作ると、どうしても出てしまうのがだしがら。
でも、捨てるのはもったいない。
だしがらもうまく活用すれば、立派な一品を作ることができます。

昆布
だしがら

昆布の食感がアクセントの簡単炊き込みごはん

昆布と油揚げの炊き込みごはん

[材料] 2合分(4〜6人分)

米 …… 2合
水 …… 2カップ(400ml)
a { 油揚げ …… 1枚
にんじん …… 1/5本(30g)
昆布(だしがら) …… 30g
b { しょうゆ …… 大さじ2
みりん …… 大さじ2
酒 …… 大さじ2
小ねぎ …… 適量

[作り方]

1 米を研ぎ、炊飯器に入れ、水を加えて30分以上浸水させる。
2 油揚げはさっとゆでて油抜きをし、縦半分に切り、幅8㎜の細切りにする。にんじんは短めのせん切りにする。昆布は5㎜角に切る。
3 フライパンにaとbを入れて火にかけ、煮汁が半分になるまで煮詰める。
4 炊飯器の中に3を加えて炊く。器に盛り、小口切りにした小ねぎを飾る。

おにぎりやサラダのトッピングなどにもぴったり

かつお節 だしがら

ソフトふりかけ

［材料］作りやすい分量

かつお節（だしがら）…… 40g
白ごま …… 小さじ1
a しょうゆ …… 大さじ1
　みりん …… 大さじ1
　酒 …… 大さじ1
　砂糖 …… 大さじ1

しっとり仕上げの
ふりかけです

［作り方］

1 かつお節は水気を切り、包丁でみじん切りにする。
2 フライパンに1とaを入れて火にかけ、汁気がなくなるまで炒める。
3 白ごまを入れ、混ぜ合わせる。

かつお節のうまみが詰まった手作りなめたけ

かつお節 だしがら

おだしなめたけ

［材料］作りやすい分量

えのき …… 2パック（200g）
かつお節（だしがら）…… 40g
a 水 …… 50ml
　しょうゆ …… 大さじ1½
　みりん …… 大さじ½
　砂糖 …… 大さじ½

ごはんが
すすむ！

［作り方］

1 えのきは石づきを切り落とし、半分の長さに切る。かつお節は水気を切り、ざく切りにする。
2 鍋に1とaを入れて火にかけ、煮汁がなくなるまで煮詰める。

秋のみそ汁

きのこ類やいも類がおいしくなるのが、この季節。
きのこ類は味が淡泊で、どんな具材とも相性がいいので、
使いやすい食材です。
また、いも類の甘みは、みその塩気とよく合います。

きのこ三昧みそ汁

［材料］2人分

しめじ …… 1/4パック
えのき …… 1/4パック
きくらげ(乾燥) …… 2g
長ねぎ …… 適量
だし汁 …… 350ml
みそ …… 大さじ2

［作り方］

1 しめじ、えのきは石づきを切り落とし、小房に分ける。きくらげは水（分量外）でもどす。長ねぎは白髪ねぎにする。
2 鍋にだし汁を入れて火にかけ、しめじ、えのき、きくらげを入れて煮込む。火が通ったら、みそを溶き入れ、ひと煮立ちさせる。
3 お椀に盛りつけ、白髪ねぎをのせる。

秋の味覚をたっぷり食べられ、満足感もあり、体も温まるみそ汁です。（滝沢大介）

いろいろきのこのみそ汁

［材料］2人分

しめじ……30g
ひらたけ……30g
まいたけ……30g
えのき……30g
だし汁……320ml
みそ……大さじ1½

［作り方］

1 まいたけ以外のきのこの石づきを切り落とす。しめじ、ひらたけ、まいたけは小房に分け、えのきは長さを半分に切る。
2 鍋にだし汁を入れて火にかけ、1を入れて煮込む。火が通ったら、みそを溶き入れ、ひと煮立ちさせる。

ワンポイント

- きのこはエリンギやなめこに置き換えても、おいしく作れます。

きのこのだし感がたまらなく、
何杯でも飲みたくなります。
（楠田真悟）

海藻ときのこのみそ汁

［材料］2人分

えのき …… ½パック
しいたけ …… 2個
わかめ(乾燥) …… 3g
しょうが(おろし) …… 適量
だし汁 …… 320ml
みそ …… 大さじ2

［作り方］

1 えのきとしいたけの石づきを切り落とす。えのきは2等分に、しいたけは幅5㎜に切る。
2 鍋にだし汁を入れて火にかけ、1を入れて煮込む。火が通ったら、みそを溶き入れ、わかめを加えてひと煮立ちさせる。
3 お椀によそい、お好みでしょうがをのせる。

シンプルでありながら、きのこのだし、海藻の風味でおいしさが増します。 (木内 茂)

しいたけだしのみそ汁

しいたけのだしで減塩ができる点に、
工夫を感じました。　（安藤茂樹）

［材料］２人分

干ししいたけ …… 10g（もどすと45g）
豆腐 …… 1/3丁（100g）
刻み油揚げ …… 15g
大豆水煮 …… 40g
刻みねぎ …… 適量
冷水 …… 400ml
みそ …… 大さじ1 1/2

［作り方］

［下ごしらえ］
干ししいたけは流水でさっと洗い、冷水と一緒に保存容器に入れて、冷蔵庫に一晩置いてもどす。

1 一晩置いた干ししいたけは、もどし汁から取り出し、幅5mmに切る。豆腐はさいの目切りにする。
2 干ししいたけのもどし汁を鍋に入れて火にかけ、しいたけ、豆腐、刻み油揚げ、水気を切った大豆水煮を加える。みそを溶き入れ、ひと煮立ちさせる。
3 お好みで刻みねぎを散らす。

ワンポイント

- 干ししいたけは大きさや厚さによってもどし時間が変わります。だいたい8～24時間かけて冷蔵庫でもどすとふっくらジューシーになります。
- 濃厚なしいたけだしが苦手な場合は、水で割って薄めて使いましょう。

なめことえのきのみそ汁

［材料］２人分

なめこ …… 1袋(50g)
えのき …… ½パック
長ねぎ …… 10cm
豆腐 …… ⅓丁
だし汁 …… 300ml
みそ …… 大さじ2

［作り方］

1 なめこはさっと洗って水気を切る。えのきは石づきを切り落として食べやすい長さに、長ねぎは斜め切り、豆腐はさいの目に切る。
2 鍋にだし汁を入れて火にかけ、1を加えて3分ほど煮込む。火が通ったらみそを溶き入れ、ひと煮立ちさせる。

ワンポイント

- しめじやひらたけ、しいたけなどお好みのきのこに置き換えても。

きのこのうまみと歯応えがよい一品。冷蔵庫に残っているきのこをまとめて消費できる。（原 拓真）

なめこおろしみそ汁

［材料］2人分

なめこ……1袋（50g）
大根……200g
だし汁……320ml
みそ……大さじ2

ワンポイント

- なめこはみそを加えて温度が下がったところで加え、そのまま3分ほど置くことで、うまみがよく出ます。 煮込みすぎると栄養も食感も落ちてしまうので、注意しましょう。

［作り方］

1 なめこはさっと洗って水気を切る。大根は½の量を幅4㎜のいちょう切りに、残りを大根おろしにする。
2 鍋にだし汁といちょう切りにした大根を入れて火にかける。大根に火が通ったら、火を止め、みそを溶き入れる。なめこを加えて3分ほど置いたあと、再度火にかけて軽くひと煮立ちさせる。
3 お椀によそい、大根おろしをのせる。

なめこと大根の風味を引き立てるのは、すっきりしていてほどよい甘みのみそ。（須田信広）

なめこと山芋のおろし汁

［材料］２人分

なめこ …… 1袋（50g）
山芋 …… 10㎝
長ねぎ …… 10㎝
だし汁 …… 320ml
みそ …… 大さじ２

ワンポイント

- 長芋でも作れますが、山芋のほうがもちもちした食感が際立ち、おいしくいただけます。

［作り方］

1 なめこはさっと洗って水気を切る。山芋はすりおろし、長ねぎは小口切りにする。
2 鍋にだし汁を入れて火にかけ、煮立ったらなめこと長ねぎを加え、みそを溶き入れる。すりおろした山芋をスプーンですくって落とし、2～3分弱火で煮る。

なめこの食感と山芋のネバネバの相性が抜群。みその風味も加わり、このみそ汁とお米さえあれば何もいりません。（塚田伸弘）

白まいたけたっぷりみそ汁

［材料］２人分

白まいたけ …… 1パック
だし汁 …… 320ml
みそ …… 大さじ2

ワンポイント

- 白まいたけは加熱して60～70℃あたりでうまみが増します。そのため、白まいたけを最初から入れてじっくり加熱するのがポイントです。

［作り方］

1 白まいたけは、食べやすい大きさにさく。
2 鍋にだし汁と1を入れて、火にかける。
3 ひと煮立ちさせたら火を止め、みそを溶き入れる。

白まいたけのだし感やうまみを贅沢に味わえる。（酒井充代）

せん切りにんじんのかき玉みそ汁

［材料］２人分

にんじん …… 50g
卵 …… 1個
だし汁 …… 320ml
みそ …… 大さじ2

［作り方］

1 にんじんはせん切りにする。卵は溶きほぐす。
2 鍋にだし汁を入れて火にかけ、煮立ったらにんじんを加える。30秒ほど煮たところでみそを溶き入れ、溶き卵を回し入れる。

にんじんの風味とふわふわのかき玉がおいしい。見た目も華やかなみそ汁です。（東野佑三子）

大根とにんじんのみそ汁

［材料］２人分

大根 …… 3cm
にんじん …… 1/5本
油揚げ …… 1枚
わかめ（乾燥）…… 3g
だし汁 …… 320ml
みそ …… 大さじ2

ワンポイント

- ごぼうやれんこんに置き換えてもおいしく仕上がります。

［作り方］

1 大根、にんじんは薄めのいちょう切りにし、油揚げは食べやすい大きさに切る。
2 鍋にだし汁を入れて火にかけ、大根、にんじんを入れて煮込む。火が通ったら油揚げ、わかめを加える。みそを溶き入れ、ひと煮立ちさせる。

大根とにんじんのシャキシャキ食感、野菜の甘みとうまみがみそ汁に絶妙にマッチ。（島田駿平）

チンゲン菜とえのきの中華風みそスープ

［材料］２人分

チンゲン菜 …… １株（100g）
えのき …… ½パック
みそ …… 大さじ１½
a ｛水 …… 320ml
　 中華だし（顆粒）…… 小さじ１
b ｛水 …… 大さじ½
　 片栗粉 …… 大さじ½

［作り方］

1 チンゲン菜は食べやすい大きさに、えのきは石づきを切り落として長さを半分に切る。
2 鍋にaを入れて火にかけ、1を加えて2〜3分煮込む。
3 みそを溶き入れ、混ぜ合わせたbを回し入れてとろみをつける。

ワンポイント

- 干しえびや溶き卵を加えてもよく合います。
- 溶き卵を加える場合は、水溶き片栗粉でスープにとろみをつけたあとに入れましょう。

みそ汁＝和風だけじゃない！ 中華にも合うんです。いつもと違ったみそ汁、おすすめです。　（坂井田 葵）

とろとろ丸ごと玉ねぎとシャウエッセンのみそ汁

［材料］2人分

玉ねぎ …… 1個
シャウエッセン …… 4本
パセリ …… 適量
だし汁 …… 350ml
みそ …… 大さじ2
オリーブオイル …… 小さじ½

ワンポイント

- 新玉ねぎで作ると甘みがよりアップするので、おすすめです。
- オリーブオイルをバターに置き換えてもよく合います。

［作り方］

1 玉ねぎは皮をむいて半分に切り、それぞれラップに包んで600Wの電子レンジで6～7分、くったりとするまで加熱する。
2 鍋にだし汁を入れて火にかけ、1と「シャウエッセン」を加え、3分ほど煮込む。
3 みそを溶き入れ、オリーブオイルを垂らす。お好みで刻みパセリをふる。

玉ねぎの甘みと、シャウエッセンのうまみが、みそと融合して洋風みそ汁に変身!!　（斉藤 毅）

じゃがバタシャウエッセンみそ汁

[材料] 2人分

じゃがいも(小) …… 2個
シャウエッセン …… 4本
だし汁 …… 350ml
みそ …… 大さじ2
バター …… 10g
黒こしょう …… 適量

ワンポイント

- じゃがいもは、大きさや個数によりレンジの加熱時間を調整しましょう。また、鍋でゆでる場合は水の量を増やして調整しましょう。

[作り方]

1 じゃがいもは皮をよく洗い、1個ずつキッチンペーパーで包む。水で濡らしてラップで包み、600Wの電子レンジで5〜6分、串がすっと通るまで加熱する。
2 鍋にだし汁を入れて火にかけ、十字に切り込みを入れた1と「シャウエッセン」を加える。3分ほど煮込んだら、みそを溶き入れる。
3 お椀によそい、バターをのせ、お好みで黒こしょうをふる。

じゃがいものほくほく感、バターの芳醇な香り、みその塩味とコクがマッチ!!　(寺本昌浩)

かぼちゃと鶏ひき肉の山椒みそ汁

［材料］２人分

かぼちゃ …… 80g
鶏ひき肉 …… 60g
だし汁 …… 400ml
みそ …… 大さじ2
粉山椒 …… 小さじ⅓

［作り方］

1 かぼちゃは小さめの一口大に切る。鶏肉は粉山椒を加えてよく練る。
2 鍋にだし汁を入れて火にかけ、煮立ったらかぼちゃを入れてふたをし、弱火で2分ほど煮る。鶏肉を適当な大きさにつまんで、鍋に加える。
3 鶏肉が全部入ったら弱めの中火で1～2分煮て、みそを溶き入れる。お好みで粉山椒をふる。

一杯で満足感があり、かぼちゃの甘みとみそがよく合う！（高橋奈月）

さつまいものみそ汁

［材料］２人分

さつまいも …… 60g
白すりごま …… 大さじ1
だし汁 …… 400ml
みそ …… 大さじ2

［作り方］

1 さつまいもは厚さ5㎜の輪切りにし、大きいものは半月切りにして、水（分量外）に5分ほどさらす。

2 鍋にだし汁と水気を切った1を入れ、火にかけてふたをし、煮立ったら弱火にする。さつまいもに火が通ったらみそを溶き入れ、白すりごまを加える。

さつまいもの甘さとみその塩味がちょうどよいバランスで、おいしい。（五十嵐 都）

さつまいもとかぼちゃのみそ汁

［材料］２人分

さつまいも …… 70g
かぼちゃ …… 70g
長ねぎ …… 30g
しょうが（おろし）…… 小さじ１
だし汁 …… 320ml
みそ …… 大さじ１½

ワンポイント

- さつまいもやかぼちゃは煮込みすぎると崩れてしまうので、注意しましょう。

［作り方］

1 さつまいもとかぼちゃは2㎝の角切りに、長ねぎは小口切りにする。
2 鍋にだし汁を入れて火にかけ、1としょうがを入れて煮込む。火が通ったら、みそを溶き入れ、ひと煮立ちさせる。

ほくほくで甘いみそ汁は食べ応えもあり、昔から大好きな一品。（廣山孝志）

たっぷりのかぼちゃとスナップえんどうのみそ汁

［材料］２人分

かぼちゃ …… 60g
スナップえんどう …… ２本
玉ねぎ …… 1/6個
しょうが …… １片
だし汁 …… 350ml
みそ …… 大さじ1

［作り方］

1 かぼちゃはさいの目切り、スナップえんどうは筋を取り斜め切り、玉ねぎは薄切りにし、しょうがはすりおろす。
2 鍋にだし汁を入れて火にかけ、煮立ったら、かぼちゃを入れ、５分ほど煮る。
3 ２にスナップえんどうと玉ねぎを加え、ひと煮立ちしたらみそを溶き入れる。しょうがを加えて火を止める。

子どもも大人も大好きな具材の組み合わせ。
冷たくしてもおいしいですよ！　（武田昌彦）

餃子の皮ワンタンとわかめのみそ汁

［材料］2人分

餃子の皮 …… 4枚
わかめ（乾燥）…… 3g
いりごま …… 大さじ1
だし汁 …… 320ml
みそ …… 大さじ1½

ワンポイント

- ごま油を適量加えても、こっくりとおいしく仕上がります。
- 餃子の皮とわかめには塩分が含まれています。みその量は味を見て調整しましょう。

［作り方］

1 餃子の皮は太めの短冊切りにする。
2 鍋にだし汁を入れて火にかけ、1がくっつかないように1枚ずつ入れる。
3 時々混ぜながら2分ほど煮込み、わかめを入れ、みそを溶き入れる。お好みでいりごまをふる。

あまった餃子の皮を利用した中華風みそ汁。いつものみそ汁とは違った味わいが楽しめます。（森 省二）

具だくさんみそ汁

［材料］2人分

木綿豆腐……1/3丁
大根……3㎝
にんじん……1/4本
ごぼう……1/4本
こんにゃく……1/4枚
刻みねぎ……適量
だし汁……350ml
みそ……大さじ2
ごま油……小さじ1

［作り方］

1 木綿豆腐はキッチンペーパーに包んで600Wの電子レンジで3分加熱し、粗熱が取れたら水気を切る。大根、にんじんは厚さ4㎜のいちょう切りにする。ごぼうはささがきにし、5分ほど水にさらして水気を切る。こんにゃくは一口大にちぎり、水（分量外）と一緒に鍋に入れて火にかけ、沸騰させる。3分ほど下ゆでし、水気を切る。
2 鍋にごま油を熱し、1の豆腐以外の具材を加えて炒め合わせ、全体に油が回ったらだし汁を加えて7分ほど煮込む。
3 みそを溶き入れ、豆腐をちぎって加え、ひと煮立ちさせる。お好みで刻みねぎを散らす。

ワンポイント

- 大根を里芋に変えたり、油揚げや長ねぎを加えたりしても、おいしく作れます。

野菜と野菜から出ただし（栄養）が、もれなく摂取できる。
（八島雅司）

納豆ねぎみそ汁

［材料］２人分

納豆 …… 60g
長ねぎ …… 10㎝
だし汁 …… 320ml
みそ …… 大さじ2

［作り方］

1 長ねぎは小口切りにする。
2 鍋にだし汁を入れて火にかけ、1を入れて弱火で1～2分煮る。
3 みそを溶き入れ、納豆を加えて軽く混ぜる。

手早くできておいしいから、忙しいときによく作っています。（飯島哲彦）

切り干し大根のみそ汁

［材料］2人分

切り干し大根 …… 10g
小ねぎ …… 適量
だし汁 …… 320ml
みそ …… 大さじ2

ワンポイント

- 食物繊維たっぷりの切り干し大根をもどしながら煮て、手早く作ります。切り干し大根は、ビタミンB群やカリウムも豊富です。

［作り方］

1 切り干し大根は水で洗い、ざく切りにする。小ねぎは小口切りにする。
2 鍋にだし汁と切り干し大根を入れ、5分ほど煮る。
3 みそを溶き入れ、小ねぎを加えて火を止める。

切干大根が好きなうえ、簡単にできる。（新井邦章）

漆黒ののりのみそ汁

［材料］２人分

焼きのり …… 1枚
だし汁 …… 400ml
みそ …… 大さじ2
ごま油 …… 小さじ2

［作り方］

1 鍋にだし汁を入れて火にかけ、みそを溶き入れる。
2 お椀に1を等分によそい、焼きのりを半量ずつちぎりながら加え、ごま油を半量ずつ加える。

のりの風味がすごく感じられ、
みそとマッチしておいしいです。
（市川大輔）

生のりのみそ汁

［材料］２人分

生のり（水で洗ったもの）
…… 小さじ4

万能ねぎ …… 大さじ2

だし汁 …… 320ml

みそ …… 大さじ2

［作り方］

1 生のりは目の細かいざるに入れてさっと洗い、水気をしっかり切る。万能ねぎはみじん切りにする。生のりと万能ねぎは、お椀に入れておく。

2 鍋にだし汁を入れて火にかけ、みそを溶き入れたら、1のお椀に注ぐ。

のりとだしの相性がよく、海産物のうまみが広がる。
（野村将広）

鶏もも肉のみそ汁

［材料］２人分

鶏もも肉 …… ½枚
かぼちゃ …… 70g
ブロッコリー …… 50g
だし汁 …… 320ml
みそ …… 大さじ 1½

ワンポイント

- かぼちゃやブロッコリーは、煮込みすぎると風味が落ちたり、崩れたりするので注意しましょう。

［作り方］

1 鶏肉とかぼちゃは食べやすい大きさに切り、ブロッコリーは小房に分ける。
2 鍋にだし汁を入れて火にかけ、鶏肉とかぼちゃを煮る。火が通ったらブロッコリーを加え、みそを溶き入れ、ひと煮立ちさせる。

栄養バランス抜群のみそ汁で、
一番のお気に入りです！
（村山 豊）

鶏だんごと落とし卵のみそ汁

［材料］２人分

鶏むねひき肉 …… 80g
キャベツ …… 50g
にんじん …… 20g
しめじ …… 30g
卵 …… ２個
だし汁 …… 350ml
みそ …… 大さじ１½
a 長ねぎ（みじん切り） …… 大さじ２
しょうが（おろし） …… 小さじ１
片栗粉 …… 小さじ１
酒 …… 大さじ½
塩 …… ひとつまみ

［作り方］

1 鶏だんごを作る。ボウルで鶏肉とaをしっかりと混ぜ合わせ、４等分してだんご状に丸める。
2 キャベツはざく切りに、にんじんは半月切りに、しめじは石づきを切り落として小房に分ける。
3 鍋にだし汁を入れて火にかけ、鶏だんごをゆっくり入れる。鶏だんごが浮いてきたら2を加え、ひと煮立ちさせる。
4 みそを溶き入れ、卵を落とし、ほどよく煮る。

みそ汁だけど、これだけで十分おかずになるのが推しポイントです。（多和彩織）

石狩汁

［材料］２人分

塩鮭（甘口・切り身）
……１切れ
じゃがいも……½個
にんじん……¼本
キャベツ……50g
長ねぎ……½本
しいたけ……１個
万能ねぎ……適量
だし汁……320ml
みそ……大さじ２
バター……適量

［作り方］

1 塩鮭は、熱湯（分量外）を回しかけ、皮と骨を取り除いて水気を拭き、大きめの一口大に切る。じゃがいも、にんじんは乱切りに、キャベツはざく切りにする。長ねぎは斜め切りに、しいたけは食べやすい大きさに切る。
2 鍋にだし汁を入れて火にかけ、塩鮭、じゃがいも、にんじん、しいたけ、長ねぎ、キャベツの順に入れる。ほどよく煮えたらみそを溶き入れる。
3 お椀によそい、お好みでバターを浮かべ、小口切りにした万能ねぎをふる。

みそ汁として食べたり鍋として食べたり。
北海道民のソウルフードです。（武田あゆみ）

さんまとすだちのみそ汁

［材料］2人分

さんま …… 1尾
長ねぎ …… ½本（50g）
すだち …… 適量
だし汁 …… 320ml
みそ …… 大さじ2

ワンポイント

- 鮮度のよいさんまの場合、頭や尾も一緒に煮込むと、よいだしが出ます。

［作り方］

1 さんまは頭と尾を切り落とし、内臓を取り除いて幅3cmのぶつ切りにする。流水で血合いなどを取りながら洗い、ざるに並べて熱湯（分量外）を回しかけ、水気を切る。長ねぎは斜め切りに、すだちは薄切りにする。
2 鍋にだし汁を入れて火にかけ、煮立ったらさんまと長ねぎを入れて煮込む。火が通ったら、みそを溶き入れる。
3 お椀によそい、すだちを浮かべる。

さんまとすだちの相性が抜群の一品。秋のみそ汁はこれで決まりです。（飯田悠人）

王道いわしのつみれ汁

いわしから出るおいしいだしで、
おかずとして満足な食べごたえ
がある。　（欄 卓哉）

［材料］2人分

いわし（小～中）……2～3尾（正味100g）
しょうが……8g
大根……60g
にんじん……½本
ごぼう……½本
小ねぎ……適量
だし汁……320ml
みそ……大さじ1½

a
みそ……小さじ½
酒……大さじ½
小麦粉……大さじ½

［作り方］

1 いわしは頭と腹ひれを切り落として内臓を取り除き、汚れを水で洗い流してキッチンペーパーで水気を拭き取る。腹から背びれ側に向けて中骨の上に両手の親指を差し込み、親指を外側に向けて滑らせながら腹を開く。頭側から尾に向けて中骨をゆっくり取り除き、尾を切り落とす。包丁で細かく刻んでタタキにする。しょうがはすりおろす。
2 すり鉢に1とaを入れ、なめらかになるまで練る。
3 大根、にんじんは短冊切り、ごぼうは斜め薄切りにし、だし汁と一緒に鍋に入れて火にかける。
4 具材に火が通ったら、2のつみれを水で濡らしたスプーンで一口大に丸くととのえながら加えて5分ほど煮込み、みそを溶き入れる。お好みで刻んだ小ねぎをふる。

ワンポイント

- いわしは鮮度のよいものを選ぶと、よりおいしく作れます。
- つみれはすり鉢で練ることでだんご状にまとめやすくなりますが、包丁でたたくだけでも作れます。 刻みが粗いとまとまりにくく、細かすぎるとふんわり感がなくなるので加減しましょう。

だしがら
活用レシピ
その2

だし汁を作ると、どうしても出てしまうのがだしがら。
でも、捨てるのはもったいない。
だしがらもうまく活用すれば、立派な一品を作ることができます。

煮干し だしがら

だしがらと梅が相性抜群！ もう一品ほしいときにぴったりなサラダです

大根とだしがらの梅サラダ

［材料］2人分

大根 …… 100g
煮干し（だしがら）…… 20g
しそ …… 4枚
a 梅干し …… 1個
はちみつ …… 大さじ½
酢 …… 大さじ½
ごま油 …… 大さじ½

［作り方］

1 大根はせん切り、煮干しはざく切り、しそはせん切りにする。梅干しは種を取り、包丁でたたいて、ペースト状にする。
2 ボウルにaを入れて混ぜ合わせ、ドレッシングを作る。
3 大根と煮干し、しそを2のボウルに入れ、よく混ぜ合わせる。

昆布
だしがら

昆布のコリコリ食感がたまらない！

昆布とにんじんのきんぴら

［材料］２人分

にんじん……100g
昆布（だしがら）……30g
ごま油……小さじ１
白ごま……小さじ１
a｛しょうゆ……小さじ２
　 みりん……小さじ２
　 酒……小さじ２

［作り方］

1 にんじん、昆布はせん切りにする。
2 フライパンにごま油を入れて火にかけ、1を炒める。全体に火が通ったら、aを加えて煮からめる。
3 最後に白ごまを散らし、器に盛りつける。

煮干し
だしがら

噛んだ瞬間に煮干しのうまみがじゅわっと染み出す一品

煮干しの佃煮

［材料］２～４人分

煮干し（だしがら）……80g
a｛だし汁……50ml
　 しょうゆ……大さじ１
　 酒……大さじ１
　 砂糖……大さじ½

［作り方］

1 鍋に煮干しとaを入れて火にかける。
2 ふたをして中火で５分程度、汁気がなくなるまで煮詰める。

冬のみそ汁

冬におすすめなのが、心も体も温まる栄養満点の豚汁です。
根菜は内側から体を温めるため、
寒い時期には積極的にとりたいもの。
じっくり煮込むと、素材の甘みがぐんと引き出されます。

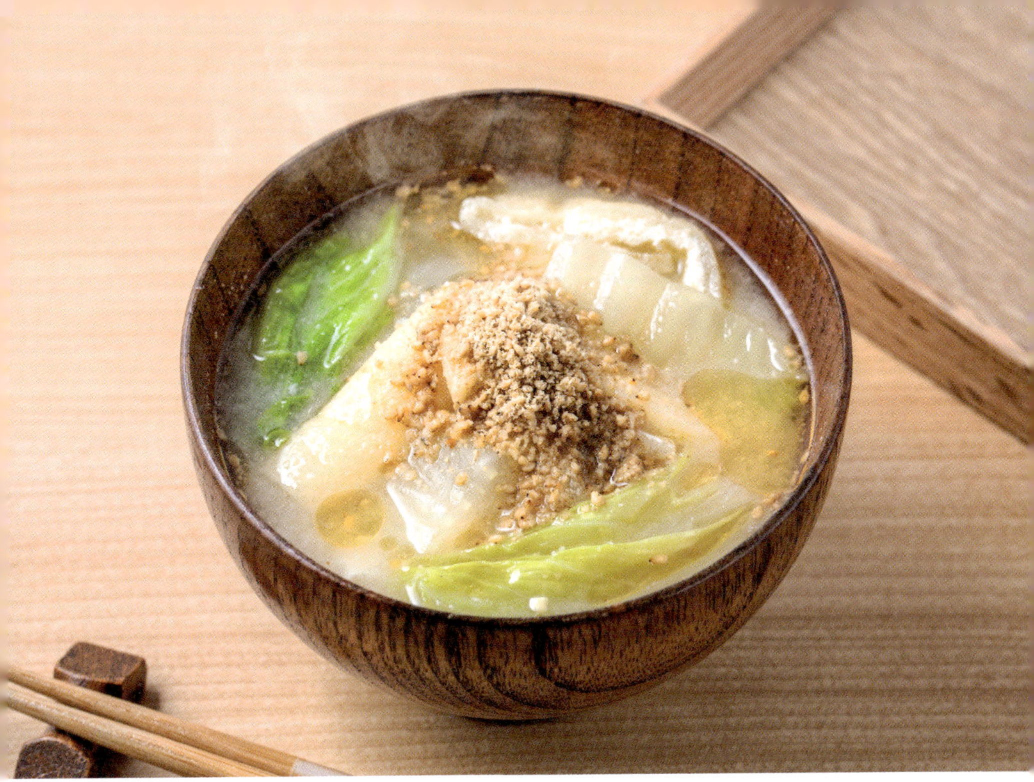

白菜と油揚げのみそ汁

［材料］２人分

白菜 …… 100g
油揚げ …… 1～2枚
すりごま …… 小さじ2
だし汁 …… 320ml
みそ …… 大さじ1½
ごま油 …… 小さじ1

［作り方］

1 白菜はざく切りにする。油揚げは熱湯を回しかけて油抜きをし、短冊切りにする。
2 鍋にだし汁を入れて火にかけ、1を加えて煮る。白菜がほどよく煮えたらみそを溶き入れ、ひと煮立ちさせる。
3 お椀によそい、すりごまをふり、ごま油を垂らす。

ワンポイント

- 白菜は、茎の白い部分がよく煮えてから葉の部分を加えると、色鮮やかに仕上がります。

みそと白菜の甘みに油あげの油分が加わり、うまみが引き立ちおいしいです。 (小林 輔)

麩と刻みねぎのみそ汁

［材料］２人分

小町麩……６個
刻みねぎ……小さじ２
だし汁……320ml
みそ……大さじ２

［作り方］

1 鍋にだし汁を入れて火にかける。煮立ったら小町麩を入れ、やわらかくなったらみそを溶き入れる。
2 お椀によそい、刻みねぎを散らす。

ワンポイント

- 刻みのりやすりごまなど、手近な乾物を加えてもおいしくいただけます。

忙しい朝でも、簡単においしいみそ汁が作れます！（南澤昂太）

冬瓜と豚肉のみそ汁

［材料］２人分

冬瓜 …… 80g
豚バラ薄切り肉 …… 40g
だし汁 …… 400ml
みそ …… 大さじ２

［作り方］

1 冬瓜は1.5㎝の角切りに、豚肉は幅1㎝に切る。
2 鍋にだし汁を入れて火にかけ、冬瓜を入れてやわらかくなるまで10分ほど煮る。豚肉を加えて１～２分煮たら、みそを溶き入れる。

温まり、栄養もあって、ホッとする！
冬が来たことが実感できます。
（守谷健志）

あおさと焼き餅のみそ汁

［材料］２人分

あおさ(乾燥) …… 4g
切り餅 …… 1個
だし汁 …… 320ml
みそ …… 大さじ2
ごま油 …… 小さじ1

［作り方］

1 あおさはさっと洗って、水気を切る。餅は1㎝角に切る。
2 鍋にだし汁を入れて火にかけ、あおさを入れる。煮立ったら、みそを溶き入れる。
3 フライパンにごま油を入れて中火で熱し、餅を入れて六面を焼く。
4 お椀に2を注ぎ、3を入れる。

ワンポイント

- 餅を焼くとき、餅同士がくっつかないように少し離すのがコツ！あおさ以外に、焼きのりを入れてもGOOD！切り餅の分量を増やすと、お雑煮のような食べごたえのある一品に。

どちらの具材も好きで、満足感があり腹持ちもよい。（三國直人）

餅巾着入り 関西風お雑煮

［材料］2人分

にんじん …… 20g
三つ葉 …… 4本(6g)
油揚げ …… 2枚(60g)
餅 …… 2個(80g)
だし汁 …… 320ml
白みそ …… 大さじ4

ワンポイント

- 油揚げは油抜きをすると味が染み込みやすく、雑味なく仕上がります。
- 三つ葉の代わりに小ねぎでも代用できます。その場合も、長いままさっと熱湯にくぐらせましょう。

［作り方］

1 にんじんは幅7㎜の輪切りにしてから型抜きをする。三つ葉は葉を取り、茎を長いまま熱湯（分量外）にさっとくぐらせる。油揚げは熱湯（分量外）を回しかけて油抜きをする。

2 油揚げは半分に切って袋状にし、油揚げの大きさに合わせて切った餅を入れ、三つ葉の茎でしばって閉じる。

3 鍋にだし汁を入れて火にかける。煮立ったら、にんじんと2を入れ、みそを溶き入れる。にんじんが煮えて餅がやわらかくなるまで煮込む。お好みで三つ葉の葉を飾る。

関西のお雑煮といえば白みそ。クリーミーで甘い味わいがおススメです。（池田慶司）

王道の豚汁

［材料］２～３人分

豚バラ薄切り肉 …… 120g
ごぼう …… ⅓本
にんじん …… ½本
大根 …… 5㎝
長ねぎ …… ½本
こんにゃく …… 80g
だし汁 …… 400ml
みそ …… 大さじ３～４
ごま油 …… 小さじ２
七味唐辛子 …… 適量

［作り方］

1 豚肉は幅2㎝に切って熱湯（分量外）を回しかけ、ざるにあげておく。ごぼう、にんじん、大根、長ねぎは大きさをそろえて小さめの乱切りにする。こんにゃくは下ゆでして臭みを抜き、小さめの一口大に切る。
2 鍋にごま油を熱し、豚肉を中火で炒める。香りが出てきたらごぼう、にんじん、大根、こんにゃくを加えて強火で炒め合わせる。
3 だし汁を加えてひと煮立ちさせたら弱火にし、ごぼう、にんじん、大根の根菜に火が通るまで７～８分煮る。長ねぎを加え、みそを溶き入れる。お好みで七味唐辛子をふる。

名前の通り王道で失敗のないみそ汁。
具だくさんで、みそ汁だけで満足できる。
（永瀬美奈子）

根菜たっぷり豚汁

［材料］２人分

豚バラ薄切り肉 …… 70g
大根 …… 50g
さつまいも …… 50g
にんじん …… 50g
万能ねぎ …… 適量
こんにゃく …… 50g
だし汁 …… 320ml
みそ …… 大さじ1½
ごま油 …… 小さじ½

［作り方］

1 豚肉は一口大に切る。大根とさつまいもはいちょう切りに、にんじんは小さめの乱切りに、万能ねぎは小口切りにする。こんにゃくは下ゆでして臭みを抜き、短冊切りにする。
2 鍋にごま油を熱し、豚肉を炒める。火が通ったら、大根、さつまいも、にんじん、こんにゃくを加えて炒める。全体に油が回ったらだし汁を加え、根菜類に火が通るまで煮る。
3 みそを溶き入れ、ひと煮立ちさせたら、お椀によそい、万能ねぎを散らす。

ワンポイント

- 根菜はじゃがいもやかぼちゃなどお好みのものに変えても、おいしく作れます。
- さつまいもなど煮崩れしやすい根菜は、煮込み具合に注意しましょう。

具材たっぷり、何度でも食べたくなり、
心も体も温まります！　（山本日向）

追いみそ！辛み豚汁

[材料] 4人分

豚バラ薄切り肉 …… 70g
大根 …… 50g
にんじん …… 50g
ごぼう …… 50g
玉ねぎ …… 50g
長ねぎ …… 適量
こんにゃく …… 20g
だし汁 …… 400ml
みそ …… 大さじ3
ごま油 …… 大さじ1

[別添えのタレ]
みそ …… 5g
豆板醤 …… 9g
糀みつ …… 6g
にんにく(おろし) …… 1.5g

[作り方]

1 豚肉は一口大に切り、大根とにんじんはいちょう切りにする。ごぼうは斜め切りにして水に浸け、アクを抜く。玉ねぎはくし切り、長ねぎは小口切りにする。こんにゃくは下ゆでして臭みを抜き、細切りにする。
2 鍋にごま油を熱し、豚肉を炒める。火が通ったら、大根とにんじん、ごぼう、玉ねぎ、こんにゃくを入れ、だし汁を加える。
3 具材に火が通ったら、みそを溶き入れ、ひと煮立ちさせる。お好みで長ねぎを散らす。
4 みそ、豆板醤、糀みつ、にんにくを混ぜ合わせ、別添えのタレを作り、味変に使用する。

ワンポイント

- 糀みつは、砂糖やみりんの代わりとして料理に使えるほか、パンに塗ったりヨーグルトに混ぜたり、いろいろな用途で使うことができる発酵甘味料です。
- 糀みつの代わりに、はちみつや砂糖を使っても作れます。

豚汁の七味以外の新しい味変。甘辛くなり、ごはんがすすむこと間違いなしです！（田中 嶺）

粕汁とん汁

［材料］２人分

豚バラ薄切り肉 …… ４枚
大根 …… 50g
にんじん …… 40g
豆腐 …… ⅓丁
だし汁 …… 350ml
酒粕 …… 50g
みそ …… 大さじ２
サラダ油 …… 大さじ１

ワンポイント

- 刻みねぎや七味唐辛子を加えてもよく合います。
- 酒粕とみそをマルコメの「料亭の味 粕汁の素」大さじ4強に代えてもおいしく作れます。

［作り方］

1 豚肉は、一口大に切る。大根とにんじんはいちょう切りに、豆腐はさいの目切りにする。
2 鍋にサラダ油を熱し、豚肉を炒める。火が通ったら大根、にんじんを加え、軽く炒める。
3 だし汁と豆腐を加えて、根菜に火が通るまで煮込む。
4 ボウルに酒粕を入れ、3のだし汁を適量加え、ほぐす。
5 3の鍋に4とみそを加え、ひと煮立ちさせる。

粕の風味とみそがよく合う。
家でよく作り、家族にも好評。
（波多野愛未）

白菜と豚バラの白い豚汁

［材料］2人分

白菜 …… 1枚(80g)
小ねぎ …… 適量
豚バラ薄切り肉 …… 60g
すりごま …… 小さじ2
だし汁 …… 320ml
白みそ …… 大さじ4

ワンポイント

- 白菜はさっと煮ればシャキッと、しっかり煮込めばとろとろに。お好みで煮込み具合を調整しましょう。

［作り方］

1 白菜はざく切りに、小ねぎは小口切りに、豚肉は一口大に切る。
2 鍋にだし汁を入れて火にかけ、白菜を加えてやわらかくなるまで煮込む。
3 豚肉を加えてさっと煮て、アクが出たら取り除き、白みそを溶き入れる。お好みですりごま、小ねぎを散らす。

白みその甘みに豚肉と白菜のうまみが合わさって◎。雑煮以外の白みそレシピに1品追加！　（勝見吉伸）

ごまみそキムチ鍋の具だくさんみそ汁

［材料］1人分

豚バラ薄切り肉……100g
カット野菜(野菜炒め用)
……1袋(220g)
卵……1個
白菜キムチ……40g
a｛だし汁……220ml
　 みそ……大さじ2
ごま油……大さじ½

［作り方］

1 一人用の鍋にaを入れて混ぜ合わせ、豚肉とカット野菜を並べる。中心にくぼみを作り、卵を落とす。
2 ふたをして火にかけ、全体にほどよく火が通ったらキムチをのせ、ごま油を回しかける。

ワンポイント

- カット野菜は、キャベツ、ニラ、もやし、にんじんなどがミックスされたものがおすすめです。
- 具材や鍋つゆの量は、鍋の大きさにより調整しましょう。
- お好みですりおろしにんにくやラー油を加えても。
- 締めに餅やチーズを加えてもよく合います。

豚バラとカット野菜で時短になり、キムチとゴマ油の風味がおいしい。（藤澤千里）

鬼除け汁（節分汁）

［材料］2人分

豚バラ薄切り肉 …… 100g
大根 …… 100g
にんじん …… 1/3本（50g）
ごぼう …… 1/3本（50g）
大豆水煮 …… 1/2袋（75g）
小ねぎ …… 適量
だし汁 …… 450ml
みそ …… 大さじ2〜3
ごま油 …… 小さじ1

ワンポイント

- 七味唐辛子をふってもよく合います。

［作り方］

1 豚肉は一口大に切る。大根は皮をむいていちょう切りに、にんじんは半月切りに、ごぼうは乱切りに、小ねぎは小口切りにする。
2 鍋にごま油を熱し、大根、にんじん、ごぼうを炒める。全体に油が回ったら、だし汁を加えて火が通るまで煮る。
3 豚肉、大豆水煮を加え、アクが出たら取り除き、みそを溶き入れ、ひと煮立ちさせる。お好みで、小ねぎをふる。

具だくさんみそ汁が家族に好評で、節分以外もおすすめ。子どもたちも大好きなメニューです。（佐藤修平）

王道の白みそ雑煮

［材料］２人分

丸餅 …… ２個
里芋 …… 1～２個
にんじん …… 60g
ほうれん草
…… 80g
鶏もも肉（皮なし）
…… 60g
ゆずの皮 …… 適量
昆布だし
…… 300ml
白みそ …… 大さじ３

［作り方］

［下ごしらえ］
丸餅は少し固めに下ゆでしておく。

1 里芋は皮をむき、横に３等分する。にんじんは長めの乱切りなど食べやすく切る。ほうれん草は長さ3㎝に、鶏肉は小さめの一口大に切る。
2 鍋にだし汁を入れて火にかけ、鶏肉、里芋、にんじん、丸餅を加えてふたをし、餅がやわらかくなるまでごく弱火で煮る。
3 白みそを溶き入れ、ほうれん草を加えてしんなりしたらお椀によそい、ゆずの皮を散らす。

根菜や鶏肉と白みその相性が抜群。優しい甘さで身も心も温まります。　（寺島栄利子）

牛こまの洋風みそ汁

［材料］２人分

牛こま切れ肉 …… 150g
にんじん …… ¼本
玉ねぎ …… ¼個
パセリ …… 適量
a ｛だし汁 …… 100ml
トマトジュース …… 150ml
みそ …… 大さじ1½
固形ブイヨン …… ½個｝
バター …… 10g
黒こしょう …… 適量

［作り方］

1 牛肉は一口大に切り、にんじんは薄めの短冊切りに、玉ねぎは薄切りにする。
2 大きめの耐熱ボウルににんじん、玉ねぎ、バターを入れ、ラップをかけて600Wの電子レンジで90秒加熱する。
3 2に牛肉を加えて混ぜ合わせ、さらに1分加熱する。最後にaを加えて混ぜ合わせ、しっかりと全体に火が通るまで3～4分加熱する。お好みでパセリ、黒こしょうをふる。

トマトとみその相性抜群！ 牛肉のうまみをより引き立ててくれます。レンジで作れるのも◎ （八木ひかり）

スンドゥブチゲ風みそ汁

［材料］２人分

絹ごし豆腐 …… 1丁
シャウエッセン ホットチリ …… 4本
ピザ用チーズ …… 20g
小ねぎ …… 適量
水 …… 350ml
a ｛みそ …… 大さじ2
　 コチュジャン …… 小さじ2
ごま油 …… 適量

［作り方］

1 鍋に水を入れて火にかけ、沸騰したら豆腐を大きめのスプーンですくい入れる。
2 「シャウエッセン ホットチリ」を加えて3分ほど煮込んだら、aを加えて混ぜ溶かす。
3 お椀によそい、ピザ用チーズをのせ、お好みでごま油を垂らし、小口切りにした小ねぎを散らす。

寒い時期にピッタリ。不足しがちなたんぱく質も手軽にとれる。辛みを抑えればお子さまにもおすすめのレシピです。（矢島丞太郎）

シャウエッセンと落とし卵のみそ汁

［材料］2人分

シャウエッセン …… 4本
キャベツ …… 1枚
卵 …… 2個
だし汁 …… 350ml
みそ …… 大さじ2
黒こしょう …… 適量

ワンポイント

- トーストと一緒に食べるのもおすすめです。

［作り方］

1 キャベツは短冊切りにする。
2 鍋にだし汁を入れて火にかけ、1を入れる。その上に卵2個をなるべく離して落とす。ふたをして加熱し、白身が固まったら「シャウエッセン」を加えて3分ほど煮込み、みそを溶き入れる。お好みで黒こしょうをふる。

シンプルにおいしい。
（石井宏明）

シャウエッセンで作る豚汁

［材料］２人分

シャウエッセン …… ４本
大根 …… 2cm
にんじん …… 3cm
ごぼう …… 10cm
長ねぎ …… 10cm
こんにゃく …… ½袋
だし汁 …… 350ml
みそ …… 大さじ２
ごま油 …… 小さじ１
七味唐辛子 …… 適量

［作り方］

1 大根、にんじんは皮をむいていちょう切りにする。ごぼう、長ねぎは斜め薄切りに、こんにゃくは下ゆでして臭みを抜き、一口大にちぎる。

2 鍋にごま油を熱し、大根、にんじん、ごぼう、こんにゃくを入れ、野菜がしんなりするまで炒める。

3 だし汁を加え、全体に火が通ったら、「シャウエッセン」、長ねぎを加え３分ほど煮込み、みそを溶き入れる。お好みで七味唐辛子をふる。

変わり種の豚汁ですが、手軽にできて、ボリューム感のあるみそ汁です。（安原啓太）

チーズシャウエッセンのトマトみそ汁

［材料］２人分

シャウエッセン とろける4種チーズ …… 4本
ミニトマト …… 6〜8個
刻みパセリ …… 適量
だし汁 …… 350ml
みそ …… 大さじ2
オリーブオイル …… 適量

ワンポイント

- 作り方には記載していますが、ミニトマトは湯むきしなくても大丈夫です。

［作り方］

1 ミニトマトはヘタを取り、おしり側に十字の浅い切り込みを入れる。
2 鍋にだし汁を入れて火にかけ、沸騰したらミニトマトを加える。20秒ほどゆでたら取り出し、皮をむく。
3 2の鍋に「シャウエッセン とろける4種チーズ」と湯むきしたミニトマトを加えて3分ほど煮込み、みそを溶き入れる。
4 お好みでオリーブオイルを垂らし、刻みパセリを散らす。

いつもと違う洋風でウインナー入りの食べ応えのあるみそ汁は、おかずのメインになります。（廣山孝志）

ポトフ風みそ汁

［材料］２人分

シャウエッセン …… ４本
じゃがいも …… １個
にんじん …… ⅓本
玉ねぎ …… ⅓個
ブロッコリー …… ４房
水 …… 350ml
みそ …… 大さじ２
オリーブオイル …… 小さじ½
黒こしょう …… 適量

［作り方］

1 じゃがいも、にんじんは大きめの一口大に切る。玉ねぎはバラバラにならないよう芯を残したくし切りにする。耐熱皿に並べてラップをかけ、600Wの電子レンジで４～５分、串がすっと通るまで加熱する。

2 鍋に水を入れて火にかけ、沸騰したら、1、ブロッコリー、「シャウエッセン」を入れて３分ほど加熱。火を止めてみそを溶き入れる。お好みでオリーブオイル、黒こしょうをふる。

ワンポイント

- じゃがいもやにんじん、玉ねぎを鍋でゆでる場合は、水の量を適宜増やして調整しましょう。

野菜もとれて、スープ風にアレンジしているのが新しくて好きです。　（小林智実）

くずし厚揚げと干しえびのクリームみそ汁

［材料］２人分

厚揚げ …… 1枚
干しえび …… 大さじ2
万能ねぎ …… 適量
豆乳 …… 300ml
みそ …… 大さじ2
和風だし（顆粒）…… 小さじ½
ラー油 …… 適量

［作り方］

1 鍋に豆乳を入れ、厚揚げをくずしながら加えて、火にかける。
2 和風だしと半量の干しえびを加え、みそを溶き入れる。
3 お椀によそって、残りの干しえびと刻んだ万能ねぎをふり、お好みでラー油を垂らす。

ワンポイント

- 豆乳は煮立てると分離してしまいます。火加減に気をつけましょう。

えびの香り、クリーミーさ、みその甘みとうまみのバランスがよく、おいしい。
（中澤竜太）

ねぎま汁

［材料］２人分

まぐろ（刺身）……４切れ（60g）
長ねぎ……½本
だし汁……320ml
みそ……大さじ２

［作り方］

1 まぐろは一口大に切り、長ねぎは斜め切りにする。
2 鍋にだし汁を入れて火にかけ、1を入れてさっと煮たら、みそを溶き入れる。

ワンポイント

- かつおやぶりの刺身でもおいしく作れます。その場合は、すりおろしたしょうがを適量加えましょう。

みその甘みと、ねぎ、まぐろの相性がいい。（樋口翔太）

さば缶で作るみそ汁

[材料] 2人分

さば缶(水煮) …… 1缶
キャベツ …… 70g
にんじん …… 30g
だし汁 …… 320ml
みそ …… 大さじ1½

ワンポイント

- お好みでおろししょうがを添えても、おいしくいただけます。

[作り方]

1 キャベツはざく切りに、にんじんは半月切りにする。
2 鍋にだし汁を入れて火にかけ、1を加えて煮る。
3 にんじんに火が通ったら、汁気を切ったさば水煮を軽くほぐして加え、みそを溶き入れて、ひと煮立ちさせる。

長野県民のソウルフード。
(丸山博明)

鮭とじゃがいものみそ汁

［材料］２人分

鮭（切り身）……１切れ
じゃがいも……１個
だし汁……320ml
みそ……大さじ1½
バター……10g

ワンポイント

- 刻んだ小ねぎや黒こしょうをふってもよく合います。

［作り方］

1 鮭は骨を取り除き、一口大に切る。じゃがいもは皮をむいて厚さ7㎜の半月切りにする。
2 鍋にだし汁を入れて火にかけ、1を入れて煮る。ほどよく煮えたら、みそを溶き入れる。
3 お椀によそい、バターをのせる。

鮭とみその相性が抜群で、
鮭のうまみが引き立ちます。
（阪本陽平）

王道の粕汁

［材料］２人分

生鮭（なければ甘塩鮭）……80g
大根……50g
にんじん……40g
こんにゃく……40g
油揚げ……１枚
だし汁……350ml
酒粕……50g
みそ……大さじ２

［作り方］

1 鮭は皮付きのまま一口大に切る。大根とにんじんはいちょう切りにする。こんにゃくは下ゆでして臭みを抜き、幅0.5㎝の短冊切りに、油揚げは幅1㎝の短冊切りにする。
2 鍋に大根、にんじん、こんにゃく、だし汁を入れて火にかけ、野菜に火が通るまで煮る。
3 生鮭、油揚げを加えてアクを取り、５分ほど煮込む。
4 ボウルに酒粕を入れ、3のだし汁を適量加え、ほぐす。
5 3の鍋に4とみそを加え、ひと煮立ちさせる。

ワンポイント

- 刻みねぎや七味唐辛子を加えてもよく合います。
- 酒粕とみそをマルコメの「料亭の味 粕汁の素」大さじ4強に代えてもおいしく作れます。

寒い日には心も体も温まります。父も大好きなおみそ汁でした。（近藤久美子）

みその保存方法について

Q みそは、どこで保存するのがいいですか？

冷蔵庫（5～8℃）で保存することをおすすめします。なお、冷蔵庫に入らない場合には、冷凍庫に保存しても大丈夫です。一般家庭用の冷凍庫（-20℃）ではみそは凍らず、品質を保つことができます。

Q 買い置きのみその色が濃くなりました。食べても大丈夫ですか？

色が濃くなる褐変（かっぺん）は、夏場など高温多湿の状態で生じやすい現象です。色が濃くなっても健康を害することはありませんが、風味には影響を及ぼします。おいしさを保つために、購入後は未開封でも冷蔵庫での保存をおすすめします。

Q みそが赤黒くなってしまって、みそ汁を作ってもおいしくなくて食べられません……。

みそ炒めやお漬物用に使えば、賞味期限内なら比較的風味の変化を気にせず食べられます。

Q みその賞味期限を過ぎてしまったのですが、食べられますか？

みそは、賞味期限が切れても、ただちに傷んでしまうものではありませんが、褐変が進んでいる場合は、風味に変化が表れます。できるだけ賞味期限内に使用してください。

Q みそを開封して冷蔵庫に入れておいたら、上に醤油のようなものが溜まってきました。食べても大丈夫ですか？

みその熟成成分が「たまり」（うまみエキス）となって、みその上部に「醤油のようなもの」が生じることがありますが、品質には問題ありません。容器の中で、みその部分と混ぜて使用してください。

Q みその上にある、四角い銀色の袋（脱酸素剤）の中身は何ですか？ 取っておいたほうがいいですか？

脱酸素剤の中身は鉄粉（一部にはグリセリンが含まれています）です。開封前の容器内の隙間にある酸素を吸い取って、みその表面の酸化を防いでいます。開封後は効果がなくなってしまうため、処分してください。
みそを覆っている紙は、脱酸素剤がみその中に埋もれてしまわないためのものなので、こちらも処分してください。乾燥を防ぐため、ラップでみその表面を覆い、冷蔵庫または冷凍庫で保存してください。

褐変みそ活用レシピ

気温の高い夏場に、みその色が変わることがあります（褐変）。食べても問題はないものの、味や風味が損なわれていることも。そんなとき、少し手を加えれば、おかずにも、おやつにもなる一品を作ることができます。

炒めるだけの簡単レシピ

みそ炒飯

［材料］２人分

ニラ …… 1/4束（約20g）
ごはん …… 250g
みそ …… 大さじ１
ごま油 …… 小さじ１

［作り方］

1 ニラは幅1㎝に切る。
2 フライパンにごま油を熱し、ニラ、ごはん、みその順に炒める。

ワンポイント

● ニラの代わりに、小松菜や長ねぎでもおいしく仕上がります。

メインディッシュにもおすすめの一品

ニラせんべい

［材料］２人分

ニラ …… 1/4束（20g）
卵 …… １個
みそ …… 小さじ２
牛乳 …… 70ml
薄力粉 …… 100g
サラダ油 …… 小さじ２

［作り方］

1 ニラは幅1㎝に切る。
2 ボウルに卵を割り入れ、みそ、牛乳を混ぜ合わせる。
3 2に1と薄力粉を加え、混ぜる。
4 フライパンにサラダ油を熱し、中火で3の半分の量を流し入れ、焼く。縁まわりがかわいてきたら、ひっくり返して2〜3分焼く。残りの半分も同様に焼く。

作り置きにも

ツナみそ（2種）

［材料］作りやすい量

ツナ缶……1缶（70～80g）
みそ……80g
砂糖……40g
鷹の爪……1本

［作り方］

1 鍋にツナ缶をオイルごと入れ、みそと砂糖を加えて中火にかける。
2 木ベラで混ぜながら、焦げつかないようによく練る。
3 全体がまとまったら、半量を器に盛る。
4 鍋に残った半量のツナみそに、輪切りにした鷹の爪を加え、さらに混ぜる。

ほどよい甘さがあり、おやつにもおすすめ

くるみみそ

［材料］作りやすい量

くるみ……40g
みそ……大さじ1
砂糖……大さじ1
みりん……大さじ1
ごま油……小さじ1

［作り方］

1 フライパンにごま油を熱し、くるみを炒め、油が回ったら砂糖をふり入れる。
2 砂糖が溶けてあめ状になったら、みりんを加え絡める。
3 火を止めて、みそを加え、全体に絡める。
4 クッキングシートの上に広げて、冷ます。

マルコメ社員が厳選したみそ汁100

2024年12月10日　初　　版
2025年 7 月10日　初版第 3 刷

編者　マルコメ株式会社
発行者　菅沼博道
発行所　株式会社ＣＥメディアハウス
〒141-8205 東京都品川区上大崎 3 丁目 1 番 1 号
電話　販売 049-293-9553　編集 03-5436-5735
http://books.cccmh.co.jp

ブックデザイン　吉村朋子
校正　株式会社文字工房燦光

印刷・製本　株式会社新藤慶昌堂

ISBN 978-4-484-22121-2